EDAF
MADRID - MÉXICO - BUENOS AIRES

GUILLERMO SUAZO PASCUAL

ORTOGRAFÍA PRÁCTICA

AUTOAPRENDIZAJE

Coordinador de la colección AUTOAPRENDIZAJE:
VÍCTOR DE LAMA

© 1992. GUILLERMO SUAZO PASCUAL
© 1992. De esta edición, Editorial EDAF, S. A.

Editorial EDAF, S. A.
Jorge Juan, 30. 28001 Madrid
Dirección en Internet: http://www.edaf.net
Correo electrónico: edaf@edaf.net

Edaf y Morales, S. A.
Oriente, 180, n.ª 279. Colonia Moctezuma, 2da. Sec.
C.P. 15530 México, D.F.
Dirección en Internet: http://www.edaf-y-morales.com.mx
Correo electrónico: edaf@edaf-y-morales.com.mx

Edaf y Albatros, S. A.
San Martín, 969, 3.ª, Oficina 5
1004 Buenos Aires, Argentina
Correo electrónico: edafal3@interar.com.ar

8.ª edición, junio 2001

Depósito Legal: M. 23.248-2001
I.S.B.N.: 84-7640-533-7

PRINTED IN SPAIN   IMPRESO EN ESPAÑA

Anzos, S. L. - Fuenlabrada (Madrid)

A lavar ropa con uve,
alabar a Dios con be.
Huevo con hache y tomate,
apto de aptitud con pe.
Arroz se pone con leche
y sin hache, claro es.
Vino con agua y con uve...

GLORIA FUERTES

*A mis padres y a don Quintín,
que me enseñaron a jugar con
las palabras y a amarlas.*

ÍNDICE

DISTRIBUCIÓN DEL LIBRO

El libro está elaborado pensando en la importancia de la práctica sobre la teoría a la hora de superar las dificultades ortográficas.

Tras unas páginas teóricas sobre los fonemas y sus posibles representaciones gráficas o letras, entramos en la *primera parte* dedicada a la ACENTUACIÓN.

La *segunda parte* se centra en la ORTOGRAFÍA DE LETRAS DUDOSAS, vamos de lo sencillo, las mayúsculas, la M, la N, a lo difícil, la B, la V, la H, etc.

La *tercera parte* está dedicada a los SIGNOS DE PUNTUACIÓN, después siguen unos breves apartados dedicados a las abreviaturas, a las siglas, etc.

La obra va dirigida a los estudiantes de Enseñanza Secundaria (12-16 años; aunque puede iniciarse un manejo superficial un año o dos antes, y un estudio más detallado y profundo en los años del Bachillerato actual (16-18 años).

Dentro de cada apartado las normas o reglas van numeradas y suelen llevar sus ejercicios respectivos a continuación.

Además de los ejercicios que aparecen detrás de cada regla y que llevan sus soluciones al final del libro, se ofrecen a lo largo de libro unos *ejercicios de repaso* formados por textos extensos que llevan la corrección en la mitad inferior de la misma página.

Los demás ejercicios, como ya hemos dicho, llevan la solución en las páginas finales del libro; son fáciles de identificar por la numeración que llevan. Creo que no es preciso aconsejarte que hagas los ejercicios a lápiz para poder borrarlos fácilmente y utilizar el libro de nuevo.

No hemos puesto las soluciones a pie de página porque pensamos que la comodidad de una solución tan cercana *dificulta* la reflexión.

¡MUCHA SUERTE!

Piña de Campos (Palencia), 9 de junio de 1991.

GUILLERMO SUAZO PASCUAL

INTRODUCCIÓN

La **Ortografía** siempre ha sido la "niña fea" de la enseñanza de la Lengua, el látigo amenazador contra los alumnos en los exámenes, el baremo de la cultura y del analfabetismo entre la gente con escasos medios económicos y culturales.

El alumno o la persona con problemas ortográficos se veía desbordado por complejas reglas sobre comienzos, intermedios y finales de palabras. Si conseguía aprenderlas, muchas de ellas no le servían en el momento necesario porque eran difíciles de recordar o porque no las utilizaría jamás, sobre todo cuando iban acompañadas de largas y retorcidas excepciones.

Otras veces, el alumno procedente de zonas con peculiares dialectalismos fonéticos se veía o se sentía ridiculizado por sus compañeros o profesores por su peculiar manera de pronunciar y de escribir determinadas palabras. Mal camino. Ese alumno no aprendía a amar las palabras de su entorno infantil e iniciaba un rechazo de todo lo que rodea a la ortografía.

A cualquier alumno, profesor o persona interesada por

este tema, le sugiero, como método más válido a largo plazo, las siguientes pautas orientadoras:

1ª Despertar el amor a las palabras, a los juegos fonéticos, amar su propio nombre, los nombres de las cosas cercanas, jugar con las palabras, crear palabras propias.

Partiendo de "sonreír", un niño creó la palabra "sonllorar", y le aplicó el siguiente significado: llorar por dentro y muy suave. Es preciosa. De ese amor surge la curiosidad lógica por su origen, por su escritura, sus semejanzas, etc.; de una manera lenta, natural y progresiva.

Al final de esta introducción te ofreceré unos cuantos textos sobre este aspecto.

2ª Amor a la lectura, lentamente iniciada; aconsejando o comprando libros que "atrapen" al lector. Existe este tipo de libros para todas las edades.

3ª El manejo del diccionario, este hábito es difícil de adquirir. Cuesta interrumpir la lectura para buscar un significado en el diccionario; pero es fundamental acostumbrarse a hacerlo desde los primeros años, despertar la inquietud por el significado preciso de las palabras.

4ª Escribir. A andar se aprende andando, a conducir, conduciendo; y no estudiando un libro de mecánica. Hoy día casi no se escribe nada, tampoco en los colegios; pero queremos aprender a escribir estudiando el libro de ortografía (mecánica), en lugar de practicar escribiendo (conduciendo).

5ª Huir del excesivo normativismo. Ser compresivo con el alumno. Saber aceptar el uso consagrado de determinadas palabras frente a las normas impartidas desde arriba. No olvidaré mi decepción al observar cómo un libro de 8º de E.G.B. afirmaba que debían evitarse las variantes "médula" y "cónclave", por ser más correctas, "medula" y "conclave". Ninguno de aquellos alumnos, ni sus profesores, habían oído las palabras "medula" o "conclave".

Lee muy atentamente el siguiente texto del poeta chileno Pablo Neruda; pertenece a su libro autobiográfico *Confieso que he vivido* (Seix Barral).

LA PALABRA

... Todo lo que usted quiera, sí señor, pero son las palabras las que cantan, las que suben y bajan... Me prosterno ante ellas... Las amo, las adhiero, las persigo, las muerdo, las derrito... Amo tanto las palabras... Las inesperadas... Las que glotonamente se esperan, se acechan, hasta que de pronto caen... Vocablos amados... Brillan como piedras de colores, saltan como platinados peces, son espuma, hilo, metal, rocío... Persigo algunas palabras... Son tan hermosas que las quiero poner todas en mi poema... Las agarro al vuelo, cuando van zumbando, y las atrapo, las limpio, las pelo, me preparo frente al plato, las siento cristalinas, vibrantes, ebúrneas, vegetales, aceitosas, como frutas, como algas, como ágatas, como aceitunas... Y entonces las revuelvo, las agito, me las bebo, me las zampo. Las trituro, las emperejilo, las liberto... [...]. Tienen sombra, transparencia, peso, plumas, pelos, tienen de todo lo que se les fue agregando de tanto rodar por el río, de tanto transmigrar de patria, de tanto ser raíces... Son antiquísimas y recientísimas... Viven en el féretro escondido y en la flor apenas comenzada... Qué buen idioma el mío, qué buena lengua heredamos de los conquistadores torvos... Éstos andaban a zancadas por las tremendas cordilleras, por las Américas encrespadas, buscando patatas, butifarras, frijolitos, tabaco negro, oro, maíz, huevos fritos, con aquel apetito voraz que nunca más se ha visto en el mundo... Todo se lo tragaban, con religiones, pirámides, tribus, idolatrías iguales a las que ellos traían en sus grandes bolsas... Por donde pasaban quedaba arrasada la tierra... Pero a los bárbaros se les caían de las botas, de las barbas, de los yelmos, de las herraduras, como piedrecitas, las palabras luminosas que se quedaron aquí resplandecientes... el idioma. Salimos perdiendo... Salimos ganando... Se llevaron el oro y nos dejaron el oro... Se lo llevaron todo y nos dejaron todo... Nos dejaron las palabras.

(PABLO NERUDA: *Confieso que he vivido*)

El texto anterior ejemplifica el amor exaltado a las palabras. A continuación disfruta jugando con las palabras del siguiente poema:

RITO DE MIEL

Nimbo de lambe,
lambe, lambé.
Nimbo de nube,
nube, ¿por qué?

¿Tras quién? Tras
traspié,
nimbo de lambe,
soledad, ¿por qué?

Corre, piripipaire,
corre, Manuel,
borrón de tinta,
al sur del canapé.

Nimbo de lambe,
palabra de miel,
chíquele de palabras
y no juego, ¿por qué?

Lambe de nubes,
nimbo de usted,
atardecer de limbo,
cielo, ¿por qué?

Cabriola de lumbre,
lambe y ¡olé!,
¡qué bonito escribir,
—¡ay, qué cortito!—,
vivir por placer!

Lambe de lumbe,
lumbe de nubes,
niño de vulve,
niño loqué.

¡Ay!, ¡qué bonito
jugar por placer
con el guaje del len!:
PALABA LIBE, ¡DIO!,
¡QUÉ PACÉ!
Lamba de lambe,
lambe de miel.

GUILLERMO SUAZO PASCUAL

LOS FONEMAS Y SU ORTOGRAFÍA

El fonema es la unidad más pequeña de la lengua. No tiene significado propio; pero sirve para distinguir significados: el fonema /p/ no significa nada, pero sirve para que *pata*, *rata*, *bata* y *lata* sean palabras (significados) distintas.

Los fonemas del español actual son veinticuatro y se representan entre diagonales (/ /); aparecen distribuidos en dos grupos:

- 1º **Fonemas vocálicos** (5):/a/, /e/, /i/, /o/, /u/.

- 2º **Fonemas consonánticos** (19): /b/, /ch/, /d/, /f/, /g/, /j/, /k/, /l/, /ll/, /m/, /n/, /ñ/, /p/, /r/, /rr/, /s/, /t/, /y/, /z/.

Las **letras** o **grafías** que representan en la escritura a esos veinticuatro fonemas son veintinueve. Hay un desajuste evidente entre las veintinueve letras del abecedario o alfabeto castellano y los veinticuatro fonemas de nuestra lengua. Este desajuste es el origen de las faltas de ortografía.

1º Fonemas vocálicos:

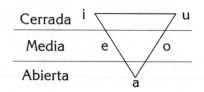

El rasgo **pertinente** o **distintivo** más importante del sistema vocálico es el **grado de abertura** de la cavidad bucal al pronunciar cada vocal.

La /a/ posee abertura máxima; la /e/ y la /o/, abertura media; la /i/ y la /u/, abertura mínima. A nosotros esto sólo nos interesa para distinguir el hiato del diptongo y para un uso correcto de la tilde. Hablaremos de vocales **abiertas**: /a/, /e/, /o/ y de vocales **cerradas**: /i/, /u/.

En cuanto a las letras que representan a los fonemas vocálicos, apenas tendrás problemas:

/a/ ....a
/e/ ....e
/i/ ....i , y: *ley, niño y niña.*
/o/ ....o
/u/ ....u

2º Fonemas consonánticos:

Se llaman así porque **suenan** con la ayuda de las vocales (*con-sonante*) a las que necesitan para formar una sílaba.

Los rasgos **pertinentes** o **distintivos** que caracterizan a las consonantes del español son:

— *el modo de articulación.*
— *el punto de articulación.*
— *la vibración de las cuerdas vocales.*

2.1. El modo de articulación hace referencia a la posición que adoptan los órganos articulatorios en cuanto a su *grado de abertura* o *cerrazón*. Los fonemas se clasifican por el *modo de articulación* con los siguientes rasgos distintivos:

Oclusivo: algún órgano (labios, lengua...) interrumpe momentáneamente el paso del aire, que luego sale de golpe, como una explosión: /p/, /b/, /t/, /d/, /k/, /g/.

Fricativo: el aire sale rozando el paso estrecho producido por dos órganos articulatorios: /f/, /z/, /s/, /j/, /y/.

Africado: un primer momento oclusivo va seguido de otro fricativo: /ch/.

Vibrante: la punta de la lengua vibra: /r/, /rr/.

Laterales: el aire sale por ambos lados de la lengua en lugar de hacerlo por el centro de la boca: /l/, /ll/.

Nasales: cuando el aire sale a la vez por la nariz y por la boca: /m/, /n/, /ñ/.

2.2. **El punto de articulación** hace referencia al lugar y a los órganos que intervienen en la articulación del aire. Los fonemas se clasifican por el *punto de articulación* con los siguientes rasgos distintivos:

Bilabial: los dos labios se unen para impedir la salida del aire: /p/, /b/, /m/.

Labiodental: el labio inferior roza los dientes superiores: /f/.

Interdental: la lengua se introduce levemente entre los dientes superiores e inferiores: /z/.

Dental: la lengua roza los dientes superiores: /t/, /d/.

Alveolar: la lengua roza los alveolos (cavidades en las que se sitúan los dientes) superiores: /s/, /n/, /l/, /r/, /rr/.

Palatal: la lengua se apoya o se aproxima a la zona dura del paladar: /ch/, /y/, /ñ/, /ll/.

Velar: la parte posterior de la lengua toca o se acerca al velo del paladar (paladar blando): /k/, /g/, /j/.

2.3. Por la **acción de las cuerdas vocales** (son dos tendones que tenemos en la *nuez*), los fonemas se clasifican en:

Sordos: las cuerdas vocales no vibran, no quiere decir que no se oigan como alguno piensa; en este caso serían **mudos** como la *h*: /p/, /t/, /k/, /f/, /j/, /z/, /ch/, /s/.

Sonoros: las cuerdas vocales se aproximan y comienzan a vibrar: /b/, /d/, /g/, /m/, /n/, /ñ/, /r/, /rr/, /l/, /ll/, /y/.

Para saber si un fonema es sordo o sonoro, se requiere la ayuda de aparatos que registren la vibración de las cuerdas vocales.

Fonemas consonánticos		
Fonema	Rasgos distintivos	Letras o grafías
/p/	bilabial, oclusivo, sordo, oral.	p
/b/	bilabial, oclusivo, sonoro, oral.	b, v, w en palabras de origen alemán y muy pocas de origen inglés: *Wenceslao, water.*
/m/	bilabial, oclusivo, sonoro, nasal.	m
/t/	dental, oclusivo, sordo, oral.	t
/d/	dental, oclusivo, sonoro, oral.	d
/k/	velar, oclusivo, sordo, oral.	c (a, o, u): *casa, cosa, culto.* qu (e, i): *querer, quiero* k en *kilo* y derivados.
/g/	velar, oclusivo, sonoro, oral.	g (a, o, u,): *gato, gota, gusto.* La *w* de origen inglés: *whisky* —*güisqui*— gu (e, i): *guerra, guitarra,*
*/j/	velar, fricativo, sordo, oral.	g (e, i): *género, gitano.* j (a, o, u, e, i) *jirafa, ajedrez.*

Fonemas consonánticos (Continuación)		
Fonema	Rasgos distintivos	Letras o grafías
*/z/	interdental, fricativo, sordo, oral.	c (e, i): *cerilla, cigarro.* z (a, o, u): *zapato.* Hay alguna excepción: *zeta, zig zag.*
/f/	labiodental, fricativo, sordo, oral.	f
*/ch/	palatal, africado, sordo, oral.	ch
/y/	palatal, fricativo, sonoro, oral.	y (consonante)
* /ll/ * /ñ/	palatal, lateral, sonoro, oral. palatal, sonoro, nasal.	ll ñ
/n/	alveolar, sonoro, nasal.	n
/l/	alveolar, lateral, sonoro, oral.	l
/r/	alveolar, vibrante, simple, sonoro, oral.	-r- (en posición intervocálicas (*caro*) o final de sílaba (*cargar*).
* /rr/	alveolar, vibrante, múltiple, sonoro, oral.	r- (inicial de palabra: *roto.* r en interior de palabras tras *l, n, s: honra* -rr- en posición intervocálica: *carro.*
/s/	alveolar, fricativo, sordo, oral.	s
/s/,	/ks/, /gs/.	x
Ø		h

 * Los fonemas marcados con asterisco se representan en fonología mediante los siguientes signos: /j/→/x/; /z/→/θ/; /ch/→/ĉ/; /ll/→/ḻ/; /ñ/→/ṇ/; /rr/→/ṝ/. No los utilizamos para evitar confusiones innecesarias en el lector.

La letra o grafía **h** no corresponde a ningún fonema castellano; existe como pronunciación dialectal en Andalucía y en Extremadura.

La letra **x** representa unas veces al fonema */s/*; otras veces, a los fonemas */ks/, /gs/*: /estraño/, /taksi/, /égsito/. La menos frecuente es la última.

LA ACENTUACIÓN

INTRODUCCIÓN

Comenzamos por la ortografía del acento porque es frecuente entre los propios profesores dar menos o casi ninguna importancia a las faltas de acentuación. Aunque el uso del acento obedece a unas reglas fijas con algunas excepciones, sin embargo, tengo comprobado que resulta difícil de asimilar en muchos casos. Todo ello es debido a que no se tienen claras nociones básicas: sílaba, diptongo, hiato.

A veces, el alumno conoce perfectamente la definición de hiato, por ejemplo, y es capaz de decirnos de memoria tres o cuatro ejemplos; pero cuando se le saca de dichos ejemplos, se muestra inseguro. Hay que reconocer que a veces resulta difícil. Por esto vamos a intentar comprender por medio de ejercicios estas nociones imprescindibles.

LA SÍLABA

Sílaba es el fonema o conjunto de fonemas (uno ha de ser vocálico) que se emiten en un solo golpe de voz. Una vocal siempre será el núcleo silábico.

Las consonantes, por el contrario, no pueden formar sílaba ellas solas, necesitan siempre de una vocal.

Las palabras de una sílaba se llaman monosílabas; las de dos, bisílabas; las de tres, trisílabas; las de cuatro, tetrasílabas; etc.

1. Divide en sílabas las siguientes palabras:

logro	perspicaz	refresco
deshacer	oreja	amnistía
helicóptero	inhumano	oprimo
ayuda	constancia	inhalar
atleta	cigarro	alhelí
acción	transgredir	fin
transatlántico	nosotros	diptongo

LA DIVISIÓN SILÁBICA

La división silábica no suele plantear problemas para la mayoría de la gente. Se aprende de una manera bastante espontánea. Estoy seguro de que has hecho bien el ejercicio anterior, tal vez has dudado un poco en algunas palabras, intencionadamente más rebuscadas. El problema se planteará cuando intentemos reflexionar sobre esas palabras, y, sobre todo, cuando hablemos más adelante del hiato y del diptongo.

No pretendo que aprendas de memoria las siguientes reglas, sino que reflexiones, casi por curiosidad, en algunas de ellas.

Vamos a repasar las **principales normas de la división silábica**:

1ª　Cuando una consonante se encuentra entre dos vocales, forma sílaba con la **segunda vocal**: *me-ta, e-ra*.

2ª　Cuando dos consonantes (iguales o diferentes) se

encuentran entre dos vocales, la primera consonante forma sílaba con la vocal anterior, y la segunda consonante, con la vocal siguiente: *am-nis-tí-a, al-he-lí.*

Las consonantes dobles, *ch, ll, rr,* no se separan porque representan a un solo fonema.

Hay una excepción a la norma anterior:

Son inseparables los grupos formados por:

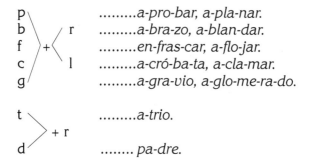

p ....*a-pro-bar, a-pla-nar.*
b ....*a-bra-zo, a-blan-dar.*
f ....*en-fras-car, a-flo-jar.*
c ....*a-cró-ba-ta, a-cla-mar.*
g ....*a-gra-vio, a-glo-me-ra-do.*

t ....*a-trio.*
d .... *pa-dre.*

3ª En el caso del grupo **tl**, cuando va en interior de palabra, la Academia aconseja que se divida por la mitad: *at-las, at-lán-ti-co, at-le-ta;* pero en Hispanoamérica está muy extendida la pronunciación *a-tlas, a-tle-ta.*

4ª Si tres o más consonantes se encuentran entre dos vocales, si las dos últimas pertenecen a la excepción de la norma 2ª (**pl, pr, bl, br,** etc.), dicho grupo permanece inseparable (*in-fla-mar, con-tra-er, emple-a-dos;* si no es así, las dos primeras se unen a la *vocal precedente (cons-truc-ción, trans-por-tar, obstruc-ción).*

5ª En las palabras formadas con algún prefijo o compuestas (*nosotros, desamparo*), La Academia acepta el silabeo etimológico o tradicional *(nos-o-tros, des-am-pa-ro,);* y el silabeo fonético *(no-so-tros, desam-pa-ro, ma-les-tar, de-se-char.* Pero sólo admite el silabeo etimológico o tradicional en palabras que llevan *h* tras el prefijo: *des-ha-cer* (no, *de-sha-cer),* *in-hu-ma-no* (no, *i-nhu-ma-no,* frente a *i-nú-til).* Se entiende el motivo, ¿verdad?

Repasa el ejercicio nº 1 y observarás que has sabido dividirlo en sílabas, aunque, al reflexionar con las normas anteriores, te darás cuenta de detalles curiosos en los que no habías pensado: *atleta, transatlántico, deshacer, inhu-* *mano, nosotros.*

EL DIPTONGO Y EL TRIPTONGO

Diptongo es la agrupación de dos vocales en una sola sílaba. Una abierta (a, e, o) y una cerrada (i, u) o vice-versa, o de dos cerradas.

2. Teniendo en cuenta estas posibilidades, forma los diptongos que puede haber en castellano y escribe una palabra en la que aparezca cada uno de ellos.

ai: vais	ia: auda<u>cia</u>
au: causa	..: ....
..:	..: ....
..:	..: ....
..:	..: ....
ou: Salou	uo: ambiguo
iu:	ui: ....

Triptongo es la agrupación de tres vocales en una sola sílaba. La vocal del medio será siempre abierta (a, e, o) e irá rodeada por dos cerradas: *buey, miau,* despre*ciáis.*

EL HIATO

Se llama **hiato** al encuentro de dos vocales seguidas (contiguas) en una palabra, pero que pertenecen a sílabas distintas.

Señalamos dos tipos de hiato:

1º El hiato formado por dos vocales abiertas (a, e, o). Nunca podrían formar un diptongo: *ma-re-a, ó-le-o, lí-ne-a, ca-o-ba, le-ón.*

2º El hiato que presenta la estructura de un diptongo (recuerda: vocal abierta + vocal cerrada, o viceversa; vocal cerrada + vocal cerrada), pero con sus vocales perteneciendo a sílabas distintas: *había, ha-cí-a* (*ha-cia,* diptongo), *le-í* (*ley,* diptongo).

3. Señala los diptongos e hiatos que hay en las siguientes palabras. Cuando dudes de la existencia de un diptongo o de un hiato, intenta buscar una palabra en la que aparezcan esas dos vocales en el mismo orden y que se pronuncien de forma distinta.

baúl: hiato, *ba-úl...* *cau-sa* (diptongo), *áu-re-o* (diptongo).

línea: ....

héroe: ....

muevo: diptongo, *mue-vo...* .... *zu-lú-es* (hiato)

hacia: ...., hacía ....

león: hiato, *le-ón,* en este tipo de hiato, formado por dos vocales abiertas, nunca podrás aplicar la prueba anterior.

paraíso: ...., caigo ....

tío: ...., vio ....

ley: ...., leí ....

lección: ...., impío ....

púa: ...., paraguas ....

raíz: ...., hay ....

Lucía........................., Lucio ....

4. Separa las sílabas de las siguientes palabras y señala si aparece un hiato o un diptongo.

inaudito	constante	poético
deshecho	corroer	desecho (desechar)
excepción	cálido	diccionario
inscribir	laúd	caída
astros	inhumar	medio
avión	abstracto	trauma
audacia	vehículo	justicia
freír	prohíbo	hacia

LA DIVISIÓN A FINAL DE RENGLÓN

Si tenemos que dividir una palabra a final de renglón, seguiremos las normas generales sobre división silábica ya estudiadas.

Regla especial:

No debemos dejar una vocal sola a final o principio de renglón. No podemos dividir *a- zucena*. Si la palabra está formada por una sola vocal, sí puede aparecer al final o principio de renglón: *las niñas y / los ancianos; voy a / casa.*

5. Las sílabas separadas por un guión están situadas a final de renglón; señala qué guiones están indebidamente colocados. Razona tu respuesta.

mu-evo: incorrecto, porque hemos destruido el diptongo .....

a-migo: ....

pla-za: ....

frí-o: ....

no-sotros: ....

nos-otros: ....

trau-ma: ....

sigui-ente: ....

dicci-onario: ....

ACENTO PROSÓDICO O FONÉTICO

6. Lee atentamente en voz alta las siguientes palabras; subraya la sílaba que lleva mayor fuerza de voz en cada palabra:

an_dar_	pastel	tener
último	_ár_bol	café
ventana	música	_me_sa
filoso_fí_a	camisa	estar
normal	pantalón	lector
político	po_é_tico	difícil

Como has podido comprobar en el ejercicio anterior, toda palabra tiene una sílaba acentuada, algunas de estas sílabas llevan además tilde o acento ortográfico.

> **El acento prosódico** o **fonético** consiste en la mayor fuerza de voz o intensidad articulatoria con que se pronuncia una sílaba dentro de una palabra.

Todas las palabras tienen una sílaba *acentuada* o *tónica*; el resto de sílabas reciben el nombre de *átonas* o *inacentuadas*.

El acento afecta a la sílaba tónica, y dentro de la sílaba, al núcleo silábico, es decir, a la vocal. (Ver apéndice I, pág 169).

CLASIFICACIÓN DE LAS PALABRAS POR EL LUGAR DEL ACENTO (fonético o prosódico).

7. Agrupa las siguientes palabras según la sílaba en la que recaiga el acento prosódico o fonético:

mágico	ágil	césped
carácter	médico	refresco
libro	pared	amor
pájaro	línea	sofá
sagaz	cántaro	diciéndoselo
aorta	lápiz	mal
mesa	rellano	espíritu
volcán	cartel	fin
árbol	príncipe	princesa
físico	mármol	muevo
mándamelo	agárralo	inhumano
búscalo	electrónica	fértil

Agudas: sa*gaz*, vol*cán*, *mal*, *fin*, ...
....

Llanas: ca_rác_ter, _li_bro, a_or_ta, _me_sa,...........................

....

Esdrújulas: _má_gico, _pá_jaro, ...

....

Sobresdrújulas: _mán_damelo, ...

....

Agudas: (u oxítonas) son las palabras que llevan el acento prosódico o fonético en la **última sílaba**: *cartel, pared, sofá*. Repasa las palabras agudas del ejercicio anterior.

Llanas: (graves o paroxítonas) son las palabras que llevan el acento prosódico o fonético en la **penúltima sílaba**: *mesa, árbol, lápiz, coro*. Repasa las palabras llanas del ejercicio anterior.

Esdrújulas: (o proparoxítonas) son las palabras que llevan el acento prosódico o fonético en la **antepenúltima sílaba**: *médico, pájaro*. Repasa las palabras esdrújulas del ejercicio anterior.

Sobresdrújulas: son las palabras que llevan el acento prosódico o fonético en la sílaba **anterior a la antepenúltima sílaba**: *mándamelo*. Repasa las palabras sobresdrújulas del ejercicio anterior.

Si te fijas con un poco detalle en los ejercicios anteriores sobre la acentuación (lo puedes aplicar a los que hagas más adelante), fácilmente comprobarás que la mayor parte de las palabras son *llanas* o *agudas*, por este orden. Las *esdrújulas* son menos, y las *sobresdrújulas*, muy pocas.

EL ACENTO ORTOGRÁFICO O TILDE

El acento ortográfico o tilde es una rayita que aparece en la escritura sobre *algunas de las vocales tónicas o acentuadas*, de acuerdo con determinadas reglas fijadas por la Real Academia Española de la Lengua.

REGLAS GENERALES SOBRE EL USO DE LA TILDE

1ª Regla

Los monosílabos nunca llevan tilde, salvo unas pocas excepciones que veremos más adelante: *ven, pie, fue, por, fin, flan, bien, dio, vio*. Por lógica, todas las palabras monosílabas son agudas porque llevan el acento prosódico en la última sílaba (y en la primera), en la única que tienen.

2ª Regla

Llevan tilde o acento ortográfico en la última sílaba las **palabras agudas** (de dos sílabas o más) **terminadas en -n, -s o vocal**: ja*más*, bal*cón*, ca*fé*, vir*tud*, rom*per*.

3ª Regla

Llevan tilde o acento ortográfico en la penúltima sílaba **las palabras llanas terminadas en consonante que NO** sea ni n ni s: *ár*bol, *cés*ped, *mó*vil, *me*sa, *lu*nes, *li*bro. Como hecho curioso, te diré que si la palabra llana termina en -*n* o -*s*, agrupadas con otra consonante, **llevan tilde**: *bí*ceps, *fór*ceps. Son poquísimas, por eso te lo señalo como hecho curioso.

4ª Regla

> Llevan tilde en la antepenúltima sílaba *todas* las pala-
> bras *esdrújulas*, y en la anterior a la antepenúltima, *todas*
> las *sobresdrújulas:* <u>ár</u>bitro, mo<u>zá</u>rabe, <u>dí</u>gamelo.

8. Razona por qué llevan o no llevan tilde las siguientes
palabras:

música: porque es esdrújula, llevan tilde todas ....

cárcel: ....

feliz: no lleva porque es aguda terminada en -z..............

último: ....

avestruz:...

álbum: lleva tilde porque es llana y no termina ni en *n* ni
       en *s*...

pésimo: ....

fácil: ....

café: ....

huracán: ....

breve: ....

amar:..

lunes:..

útil: lleva tilde porque es llana terminada en -*l* (ni -*n* ni -*s*. ...

anís: ....

Martínez:..

jardín: ....

allá: ....

azúcar:..

alegre: ....

césped: ....

músculo: ....

teléfono: ....

hípica: ....

NORMAS PARTICULARES O EXCEPCIONES SOBRE EL USO DE LA TILDE

1ª norma particular. La tilde diacrítica.

La tilde diacrítica o diferenciadora es aquella que llevan determinadas palabras (algunas de ellas son monosílabos) para que las diferenciemos de otras que se escriben y suenan igual.

• *a)* Tilde diacrítica en monosílabos:

Tónicos		Átonos	
dé	(del verbo dar).	*de*	(preposición).
él	(pronombre personal).	*el*	(artículo).
más	(adverbio de cantidad).	*mas*	(conjunción adversativa).
mí, tú	(pronombres personales).	*mi, tu*	(posesivos).
sí	(adverbio de afirmación, o pronombre).	*si*	(conjunción condicional o interrogativa).
té	(sustantivo- la infusión).	*te*	(pronombre personal).
sé	(verbo saber o ser).	*se*	(pronombre).
aún	(equivale a "todavía").	*aun*	(equivale a "hasta", "incluso").

Tónicos		Átonos	
ó	(sólo cuando va entre números expresados con cifra).	o	(en los demás casos).

9. Construye frases con las palabras siguientes. Fíjate en la presencia o ausencia de la tilde.

aún: ....

aun: aun llegando tarde, conseguí la entrada ....

dé: ....

de: ....

más: ....

mas: lo intente, mas no lo logré (se utiliza poco, equivale a *pero*.

sí:..

si: si yo digo que sí, es que sí.......... (fíjate bien) ....

sé: no sé la lección; sé bueno.............................

se:..

él: ....

el: ....

mí: ....

mi: ....

10. Acentúa las siguientes frases, repasa la tilde diacrítica en los monosílabos.

No se solucionar este problema.
Aun no se la respuesta
Si te gusta el te, di que si.
A el le interesan mas los coches.
Se bueno.

A ti te gusta mi ciudad mas que a mi.
Dime si vendrás tu solo o con tu hermano.
¿Vienes o no vienes? Yo no te espero mas de 2 o 3 horas.

- *b*) Otros casos de tilde diacrítica.

Tónicos		Átonos	
sólo (cuando es adverbio, equivale a solamente).		*solo* (cuando es adjetivo).	
qué, cuál, quién, cúyo, cuándo, cuánto, cómo, dónde,	(cuando son interrogativos o exclamativos).	*que, cual, quien, cuyo, cuando, cuanto, como, donde*	(cuando *no* son ni interrogativos ni exclamativos).

Este, ese, aquel, y sus femeninos y plurales respectivos. Es optativo o voluntario escribirlos con tilde cuando funcionan como pronombres (es decir, cuando no acompañan a ningún nombre), aunque se aconseja usar la tilde para evitar confusiones o ambigüedades. Las formas neutras nunca llevan tilde: *esto, eso, aquello.*

11. Escribe la **tilde diacrítica** en las siguientes frases. Procura leer en voz alta.

Iba yo *solo* en el coche.
Solo hemos arreglado una habitación.

¿*Cuando* vendréis a verme?
Cuando nos invites.

Dime *quien* ha llamado.
El señor de *quien* te he hablado es amigo de Pedro.

¡*Quien* pudiera!
¿*Quien* ha llegado?

¡*Cuanto* ruido hacen!
Gasta *cuanto* quiere, porque gana mucho.
¿*Cuanto* desea?
Me enteré de *cuanto* ocurrió.

Hemos estado *donde* nace el río.
¿*Donde* dices?
Ese es el pueblo *donde* nació mi padre.

Dice *que* llegará tarde.
Estoy seguro de *que* aprobarás.
¿*Que* dices? El libro está en la mesa *que* hay a la entrada.
¡*Que* mala suerte!

¿*Cual* es el tuyo?
La ventana por la *cual* huyó el ladrón estaba cerrada.
Dime *cual* quieres.

No *se como te* has enterado.
Lo hice *como* pude.
Me miraba *como* si no me conociera.
¿*Como* habéis llegado?

Estos libros son buenos; pero *aquellos* me gustan *mas*.
Esto me gusta *mas* que *aquello*.
En *ese* cine no ponen *este* tipo de películas.

12. Rellena los espacios punteados de las siguientes frases. Recuerda que no debes confundir estas tres formas:

porque, porqué, por qué.
PORQUE es una conjunción causal: *Lo hice porque quise.*
PORQUÉ es un nombre, admite el artículo y puede apa-

recer en plural: *No me convence el porqué de tu retraso.*
POR QUÉ está formado con la preposición *por* y el pronombre interrogativo *qué: ¿Por qué lo has hecho? Dime
por qué lo has hecho.*

¿.............. has puesto el cuadro ahí?

No me interesan tus ....

Lo hago .... quiero

¿............. llevas esas gafas? .... me molesta el sol.

No sé .... no ha llegado todavía.

No me esperéis .... estoy cansado.

No entiendo los .... de tu decisión.

Dime .... has puesto el cuadro ahí.

Fíjate bien en la *primera* y en la última frase, se diferen-
cian muy poco. En las dos, *por qué* es interrogativo, la primera frase es interrogativa directa; la segunda, interrogativa indirecta.

Hay un *cuarto por que* (sin tilde, es un pronombre relativo); pero se emplea tan poco que no merece la pena detenerse en él: *Esa es la ventana por que huyeron los ladrones*
(normalmente decimos: Esa es la ventana *por la que* huyeron los ladrones).

2ª norma particular sobre el uso de la tilde.

La tilde en los diptongos y triptongos.

Los diptongos y triptongos llevarán tilde sobre la **vocal
abierta siempre**, sólo si les corresponde llevarla según
las reglas generales de uso de la tilde: sa*béis, reina,
hué*sped, tera*péu*tico, diferen*ciáis, buey,* averi*güéis.*

Si el diptongo está formado por dos *vocales cerradas*

(iu, ui), entonces llevará la tilde en la segunda vocal, cuando le corresponda según las reglas generales de uso de la tilde: *rui*do, *cuí*date.

La h situada entre dos vocales no impide que haya diptongo o hiato: desa*hu*ciar (diptongo) *bú-ho* (hiato).

Excepción:

Las palabras *agudas* terminadas en *-ay, -ey, -oy* (diptongos), o en *-uay, -iey* (triptongos) *no llevan tilde*: es*toy*, con*voy*, Para*guay*.

13. Divide en sílabas las siguientes palabras y razona por qué llevan o no llevan tilde:

trauma: ....

miau: ....

apaciguais: ....

Cáu-ca-so: lleva tilde en la antepenúltima sílaba porque es esdrújula, y al ser un diptongo, colocamos la tilde sobre la vocal abierta (a).

au-da-cia: ....

virrey: ....

es-toy: aguda terminada en vocal; pero, al acabar en diptongo *-oy*, no ponemos la tilde. Es una excepción.

leccion: ....

ver-güen-za: ....

muevo: ....

au-reo: ....

naufrago: ....

tam-bién: ....

lin-güís-ti-ca: Es esdrújula, llevan tilde todas. Es un dip-
                 tongo formado por dos vocales cerradas,
                 la tilde se coloca sobre la segunda vocal.

diocesis: ....

estiercol: ....

sabeis: ....

pie: (diptongo) ....

hincapie: ....

triptongo: ....

buey: monosílabo, es un triptongo. Lógicamente es agu-
       da y terminada en vocal; pero no lleva tilde por
       ser monosílabo.

Alcoy: ....

3ª norma particular sobre el uso de la tilde.

La tilde en el hiato.

a) El hiato formado por **dos vocales abiertas** (a, e, o),
que nunca puede ser diptongo, sigue las reglas generales
de uso de la tilde: *ma-re-a, ó-le-o, ca-o-ba, le-ón.*

b) El hiato formado por vocal abierta (a, e, o) + vocal
cerrada (i, u), o viceversa; o vocal cerrada + vocal cerrada (es decir, que presenta estructura de diptongo, pero
con sus vocales perteneciendo a sílabas distintas), *lleva
tilde siempre, incluso en contra de las reglas generales* de
uso de la tilde; *cuando el acento recae sobre la vocal
cerrada:* ba-*úl,* le-*í*-do, pa-*ís,* li-*ar,* fre-*ír.*

Excepción:

Si el hiato está formado por dos vocales cerradas (i, u), sigue las reglas generales de uso de la tilde: je-su-*i*-ta, con-clu-*i*-do (compáralo con le-*í*-do en el ejemplo anterior), in-clu-*ir* (compáralo con fre-*ír* en el ejemplo anterior).

14. Razona por qué llevan o no llevan tilde las siguientes palabras, *en todas ellas aparece un hiato*. Separa sus sílabas con un guión. Yo pongo la tilde.

reír: ....

corroer: ....

actúa: ....

ma-*íz*: lleva tilde, aunque es aguda terminada en -*z*, porque es un hiato y el acento recae en la cerrada. Muchos alumnos dicen que lleva tilde para deshacer o destruir el diptongo.

había: ....

frío: ....

línea: ....

hu-*ir*: hiato, el acento recae en la cerrada; pero no lleva tilde (sigue las reglas generales) porque es un hiato formado por dos cerradas.

campeón: ....

héroe: ....

oído: ....

fi-*ar*: ....

ca-*í*-do: ....

con-clu-*i*-do: ....

hu-í: hiato formado por dos cerradas, sigue las reglas
generales de uso de la tilde. Aguda terminada en
vocal, lleva tilde.

ac-tu-*ar*: ....

ac-tu-*ó*: ....

reúno: ....

vehículo: ....

pro-*hí*-bo: ....

pro-hi-*bir*: ....

búho: ....

geografía: ....

son-re-í-a-mos: es un hiato no formado por dos cerradas, el acento recae en la cerrada, lleva
tilde. Además es esdrújula.

púa: ....

15. Conjuga el pretérito imperfecto, pretérito indefinido
y condicional simple de indicativo de los siguientes verbos:

temer: ....

....

....

partir: ....

....

....

coger: ....

....

....

sentir: sen*tía*, sen*tías*, sen*tía*, sen*tíamos*, sen*tíais*, sen*tían*.

sentí, sentiste, sintió, sentimos, sentisteis, sintieron.

senti*ría*, senti*rías*, senti*ría*, senti*ríamos*, senti*ríais*, senti*rían*.

beber: ....

....

....

subir: ....

....

....

Si te fijas bien, comprobarás que los verbos del ejemplo pertenecen a la 2ª y 3ª conjugación. En el primer tiempo (pretérito imperfecto) y en el tercero (condicional simple) **aparece un hiato con tilde en todas las personas**: en el segundo tiempo (pretérito indefinido) llevan tilde en la 1ª persona (aguda) y en la 3ª (siempre es un diptongo).

El condicional simple de los verbos de la 1ª conjugación (amar, cantar) **también tiene un hiato con tilde en todas las personas**: ama*ría*, ama*rías*, ama*ría*,...

4ª norma particular sobre el uso de la tilde.

La tilde en las formas verbales con pronombres enclíticos.

Los pronombres personales átonos (me, te, se, nos, os, le, la, los, las, ...) se escriben unidos al verbo cuando van detrás de él. Se utiliza esta construcción sobre todo con el infinitivo y con el gerundio: acercar*le*, acercár*sela*, esperándo*nos*; con menor frecuencia en otros tiempos: gritó*me* (me gritó), callába*se* (se callaba).

Las formas verbales a las que añadimos los pronombres enclíticos:

— conservan la tilde si ya la llevaban: (me gritó) *gritóme,*

— si no la llevaban antes, pondremos la tilde, si con la unión de los enclíticos se convierten en esdrújula o sobresdrújula: (acercando) *acercándose.*

16. Aplica la regla anterior a las siguientes palabras. Razona por qué llevan o no llevan tilde:

buscalo (busca-lo) ....

dame (da-me): ....

damelo (da-me-lo) ....

déme (dé-me): lleva tilde porque la forma verbal "dé" ya llevaba tilde, la conserva.

hagase: (se haga): ....

dime: ....

digame: ....

mirandome: ....

dimelo: ....

proponlo (propón-lo) ....

vamonos (vamos-nos): ....

5ª norma particular sobre el uso de la tilde.

La tilde en las palabras compuestas.

En **las palabras compuestas** sólo el segundo componente conserva la tilde; si el primer componente llevaba tilde la pierde: *hincapié* (hinca-pie), *tiovivo* (tío-vivo).

Si los dos componentes van separados por un guión, cada elemento lleva su propio acento: *físico-químico, teórico-práctico.*

Excepción:

Los adverbios terminados en -*mente* (formados por un adjetivo más el sufijo *mente*) llevan tilde en el primer componente (que siempre es un adjetivo), si éste la llevaba cuando aparecía aislado: *suavemente* (suave-mente), *cortésmente* (cortés-mente).

17. Forma palabras compuestas con las siguientes parejas de componentes. Acentúa la compuesta adecuadamente.

balón-cesto: ....

tío-vivo: ....

río-platense: ....

va-y-ven: *vaivén*, lleva tilde en el 2º componente, aguda en -*n*.

débil-mente: ....

fácil-mente: fácilmente, lleva tilde en el primer componente, porque el adjetivo "fácil" aislado ya lo llevaba. Algunos alumnos piensan que por ser sobresdrújula. Es erróneo.

suave-mente: ....

rápida-mente: ....

cien-pies: ....

punta-pie: ....

así-mismo: ....

ALGUNOS CASOS PECULIARES DE ACENTUACIÓN

a) **Los extranjerismos**, cuando se han incorporado al castellano, se acentúan siguiendo las reglas generales: *pedigrí, vermú.*

b) **Los latinismos** se acentúan siguiendo las reglas generales: *currículum, exequátur.*

18. Fíjate en las siguientes palabras e intenta comprobar por qué llevan o no llevan tilde.

fórum: ....

clímax: ....

referéndum: ....

superávit: ....

accésit: ....

cliché: ....

estrés: ....

cóctel: ....

pimpón: ....

chalé: ....

líder: ....

carné: ....

parqué: ....

c) **Palabras con doble acentuación** (y con doble pronunciación) He aquí algunas de estas palabras:

amoniaco	amoníaco
austriaco	austríaco
conclave	*cónclave*

chofer	chófer
dinamo	dínamo
etiope	etíope
futbol	fútbol
medula	*médula*
ibero	íbero
omoplato	omóplato
osmosis	ósmosis
periodo	período
reuma	reúma

En algunos libros se comenta que la forma recomendada por la Academia es la que aparece en primer lugar, en otros (algunos libros de texto), se dice que debe evitarse la segunda forma. Yo he subrayado intencionadamente *cónclave* y *médula*, porque me parece que, cuando existen dos opciones, no se puede confundir a los alumnos ofreciéndoles como más *válidas* las formas que no oirán "en su vida": *medula* (aparece en Quevedo) y *conclave* (por muy etimológica que sea, no se emplea nada).

Recuerda:

LAS MAYÚSCULAS DEBEN LLEVAR TILDE, aunque existe el hábito, bastante extendido, de no poner la tilde en este tipo de letras.

---

19. Ejercicio de recapitulación.

Razona por qué llevan o no llevan tilde las siguientes palabras:

útilmente............................ mí ....

levemente .... pídeselo............................

dé....................................... sé ....

había.................................. él..

salud .... quién ....

álbum.................................. tú ....

Lucía................................... marfil ....

Lucio................................... fin.......................................

Carmen............................... estoy ....

de.. sábado ....

ataúd.................................. déle....................................

tambor .... dame..................................

confiéis .... dámelo...............................

huésped .... huérfano............................

sabéis................................. referéndum........................

Ejercicios de repaso

Acentúa los siguientes textos y subraya las palabras en las que hayas puesto tilde. Cuando dudes, repasa las reglas de acentuación.

I. Todas las tardes se le veia regresar a caballo, con sus perros montunos y su escopeta de dos cañones, y un sartal de conejos colgados en la montura. Una tarde de setiembre, ante la amenaza de una tormenta, regreso a casa mas temprano que de costumbre. Saludo a Rebeca en el comedor, amarro los perros en el patio, colgo los conejos en la cocina para salarlos mas tarde y fue al dormitorio a cambiarse de ropa. Rebeca declaro despues que cuando su marido entro al dormitorio ella se encerro en el baño y no se dio cuenta de nada [...]. Tan pronto como Jose Arcadio cerro la puerta del dormitorio, el estampido de un pistoletazo retumbo en la casa. Un hilo de sangre salio por debajo de la puerta, atraveso la sala, salio a la calle, siguio en un curso directo por los andenes disparejos, descendio escalinatas y subio pretiles, paso de largo por la Calle de los Turcos, doblo una esquina a la derecha y otra a la izquierda.

* * *

I. Todas las tardes se le *veía* regresar a caballo, con sus perros montunos y su escopeta de dos cañones, y un sartal de conejos colgados en la montura. Una tarde de setiembre, ante la amenaza de una tormenta, *regresó* a casa *más* temprano que de costumbre. *Saludó* a Rebeca en el comedor, *amarró* los perros en el patio, *colgó* los conejos en la cocina para salarlos *más* tarde y fue al dormitorio a cambiarse de ropa. Rebeca *declaró después* que cuando su marido *entró* al dormitorio ella se *encerró* en el baño y no se dio cuenta de nada [...]. Tan pronto como *José* Arcadio cerró la puerta del dormitorio, el estampido de un pistoletazo *retumbó* en la casa. Un hilo de sangre *salió* por debajo de la puerta, *atravesó* la sala, *salió* a la calle, *siguió* en un curso directo por los andenes disparejos, *descendió* escalinatas y *subió* pretiles, *pasó* de largo por la Calle de los Turcos, *dobló* una esquina a la derecha y otra a la izquierda.

GABRIEL GARCÍA MÁRQUEZ: *Cien años de soledad*,
Editorial Sudamericana, 1967.

II. ...paso por debajo de la puerta cerrada, atraveso la sala de visitas pegado a las paredes para no manchar los tapices, siguio por la otra sala, eludio en una curva amplia la mesa del comedor, avanzo por el corredor de las begonias y paso sin ser visto por debajo de la silla de Amaranta que daba una leccion de aritmetica a Aureliano Jose, y se metio por el granero y aparacio en la cocina donde Ursula se disponia a partir treinta y seis huevos para el pan.

—¡Ave Maria Purisima! —grito Ursula.

Siguio el hilo de sangre en sentido contrario, y en busca de su origen atraveso el granero, paso por el corredor de las begonias donde Aureliano cantaba que tres y tres son seis y seis y tres son nueve, atraveso... y encontro a Jose Arcadio tirado boca abajo en el suelo sobre las polainas que se acabababa de quitar, y vio el cabo original del hilo de sangre que ya habia dejado de fluir de su oido derecho.

* * *

II. ...*pasó* por debajo de la puerta cerrada, *atravesó* la sala de visitas pegado a las paredes para no manchar los tapices, *siguió* por la otra sala, *eludió* en una curva amplia la mesa del comedor, *avanzó* por el corredor de las begonias y *pasó* sin ser visto por debajo de la silla de Amaranta que daba una *lección* de *aritmética* a Aureliano *José*, y se *metió* por el granero y *apareció* en la cocina donde *Úrsula* se *disponía* a partir treinta y seis huevos para el pan.

—¡Ave *María Purísima*! —*gritó Úrsula*.

Siguió el hilo de sangre en sentido contrario, y en busca de su origen *atravesó* el granero, *pasó* por el corredor de las begonias donde Aureliano cantaba que tres y tres son seis y seis y tres son nueve, *atravesó* [...] y *encontró* a *José* Arcadio tirado boca abajo en el suelo sobre las polainas que se acaba de quitar, y vio el cabo original del hilo de sangre que ya *había* dejado de fluir de su *oído* derecho.

Gabriel García Márquez: *Cien años de soledad*,
Editorial Sudamericana, 1967.

III. Esto era un matrimonio que no tenia familia, y siempre estaba pidiendole a Dios que les concediera un hijo, aunque fuera como un garbanzo. Tanto se lo pidieron, que al fin tuvieron un hijo, pero tan pequeño como un garbanzo. Por eso le pusieron Garbancito.

Una hora despues de nacer le dijo a su madre:

—Madre, quiero pan.

Y su madre le dio un pan. Garbancito se lo comio en un santiamen. Volvio a pedir pan, y su madre se lo volvio a dar, y luego otro y otro. Asi estuvo Garbancito comiendo hasta que dio cuenta de noventa panes, uno detras de otro.

Al poco tiempo, le dijo a su madre:

—Madre, apañeme usted la burra y el canasto de mi padre, que se lo voy a llevar al campo.

—¿Pero como vas a hacer tu eso con lo pequeño que eres...?

—Usted apañemelo, que va a ver como se lo llevo.

Pues bueno, la madre le preparo la burra y el canasto, que lo metio en un seron. Garbancito pego un salto, se subio en el seron y corriendo por el pescuezo de la burra, llego hasta una oreja y se metio dentro.

* * *

III. Esto era un matrimonio que no *tenía* familia, y siempre estaba *pidiéndole* a Dios que les concediera un hijo, aunque fuera como un garbanzo. Tanto se lo pidieron, que al fin tuvieron un hijo, pero tan pequeño como un garbanzo. Por eso le pusieron Garbancito.

Una hora *después* de nacer le dijo a su madre:

—Madre, quiero pan.

Y su madre le dio un pan. Garbancito se lo *comió* en un *santiamén*. *Volvió* a pedir pan, y su madre se lo *volvió* a dar, y luego otro y otro. *Así* estuvo Garbancito comiendo hasta que dio cuenta de noventa panes, uno *detrás* de otro.

Al poco tiempo, le dijo a su madre:

—Madre, *apáñeme* usted la burra y el canasto de mi padre, que se lo voy a llevar al campo.

—¿Pero *cómo* vas a hacer *tú* eso con lo pequeño que eres...?

—Usted *apáñemelo*, que ya *verá cómo* se lo llevo.

Pues bueno, la madre le *preparó* la burra y el canasto, que lo *metió* en un *serón*. Garbancito *pegó* un salto, se *subió* en el *serón* y corriendo por el pescuezo de la burra, *llegó* hasta una oreja y se *metió* dentro.

A. R. Almodóvar: *Cuentos al amor de la lumbre,*
Anaya, 1984.

IV. Cuando llego adonde estaba su padre, Garbancito dijo:

—¡Soo, burra!

La burra se paro y el padre no salia de su asombro.

—Apeeme usted, padre, que vengo en la oreja y le traigo el canasto.

Asi lo hizo el padre muy asombrado y, cuando ya estaba Garbancito en el suelo, va y le dice:

—Padre, mientras usted come, podria yo ir haciendole unos surcos.

—No, hijo, que eres muy pequeño para trabajar.

—Que no, padre, ya vera usted como lo hago —y de un salto se subio al yugo y empezo a dirigir los bueyes—: ¡Andaa, *Pinto*! ¡Ya, ya, *Macareno*!

Los bueyes empezaron a moverse y en poco rato habian terminado de arar. Luego Garbancito llevo los bueyes a la cuadra y se acosto a descansar en el pesebre del *Pinto*. Pero este se comio a Garbancito, sin darse cuenta, y cuando llego el padre empezo a buscarlo y no lo encontraba. Se puso a llamarlo: —¡Garbancito!, ¿donde estas?

Y Garbancito contesto: —¡En la barriga del *Pinto*, padre!

* * *

IV. Cuando *llegó* adonde estaba su padre, Garbancito dijo:

—¡Soo, burra!

La burra se *paró* y el padre no *salía* de su asombro.

—*Apéeme* usted, padre, que vengo en la oreja y le traigo el canasto.

Así lo hizo el padre muy asombrado y, cuando ya estaba Garbancito en el suelo, va y le dice:

—Padre, mientras usted come, *podría* yo ir *haciéndole* unos surcos.

—No, hijo, que eres muy pequeño para trabajar.

—Que no, padre, ya *verá* usted *cómo* lo hago —y de un salto se *subió* al yugo y *empezó* a dirigir los bueyes—: ¡Andaa, *Pinto*¡ !Ya, ya, *Macareno*!

Los bueyes empezaron a moverse y en poco rato *habían* terminado de arar. Luego Garbancito *llevó* los bueyes a la cuadra y se *acostó* a descansar en el pesebre del *Pinto*. Pero *éste* se *comió* a Garbancito, sin darse cuenta, y cuando *llegó* el padre *empezó* a buscarlo y no lo encontraba. Se puso a llamarlo: —¡Garbancito!, ¿*dónde estás*?

Y Garbancito *contestó*: —¡En la barriga del *Pinto*, padre!

A. R. ALMODÓVAR: *Cuentos al amor de la lumbre*,
Anaya, 1984.

ORTOGRAFÍA DE LAS LETRAS DUDOSAS

A lavar ropa con uve,
alabar a Dios con be.
Huevo con hache y tomate,
apto de aptitud con pe.
Arroz se pone con leche
y sin hache, claro es.
Vino con agua y con uve,
ceniza, gris y con ce,
turbante— gorro elegante—
y bisonte van con be,
en cambio va de ir, con uve,
pito y Pepito con pe,
hule y hierba va con hache,
hielo con hache también;
diptongo rima con hongo,
y es muy difícil poner,
tiene una pe intercalada
entre la "i" y la "te".

Diptongo rima con hongo,
y es muy difícil poner.

GLORIA FUERTES

LAS MAYÚSCULAS

Se da un uso incorrecto a las mayúsculas propiciado tal vez por la tipografía de la prensa y de las publicaciones en general.

Te recuerdo que se escriben con **minúscula**:

— **los nombres geográficos comunes**: *cabo, golfo*.

— **los nombres de los días, meses o estaciones del año, aunque en otras lenguas (inglés) se escriban con mayúscula**: *lunes, sábado, enero, otoño*.

— **los gentilicios**: *español, francés, italiano*.

20. Escribe mayúscula donde corresponda.

- babieca era el caballo de rodrigo díaz de vivar, el cid campeador.

- el buitre no marca un gol desde hace seis meses.

- alfonso X el sabio fue un gran impulsor de la lengua castellana.

- el río carrión pasa por palencia.

- el duque de alba es un buen conocedor de nuestra literatura.

- en italia hay una gran afición a la ópera.

- en el mes de enero cuesta mucho volver a las clases.

- el salvador murió en la cruz por nosotros.

Regla 1ª

Se escriben con **inicial** MAYÚSCULA las palabras que comienzan un escrito y las que van después de punto. Tras los dos puntos, habrá mayúscula si se sigue con un nombre propio o se inicia una cita desde su principïo; en los demás casos, se utiliza **minúscula** tras los dos puntos.

Regla 2ª

Se escriben con **inicial** MAYÚSCULA los nombres propios y los apodos *(Pablo, Juan, Pedro I el Cruel)*, los atributos divinos *(Salvador, Creador)* y los nombres de dignidad *(Marqués de Cádiz, Sumo Pontífice)*.

21. Escribe mayúscula donde corresponda en las siguientes frases. Para no equivocarte puedes leer las reglas 3ª y siguientes que aparecen después de este ejercicio.

- el papa juan pablo II intervino en el conflicto polaco.
- el papa visitará colombia.
- el rey juan carlos I es respetado en europa.
- el ministro de cultura inauguró el instituto politécnico de formación profesional juan antonio castro de talavera de la reina.
- el ministro solana visitará oropesa.
- creo que a usted no le favorece este color.
- me parece que ud. puede aspirar al cargo.
- la real academia española revisará las normas de ortografía.
- el cine avenida está al lado de la oficina principal de la caja de ahorros de palencia.
- el ejército del aire fue fiel a la corona durante las revueltas de mayo.
- mi amigo pedro estudia derecho.
- el profesor de lengua suele llegar tarde a clase.

Regla 3ª

Se escriben con **inicial** MAYÚSCULA:

— Los títulos de obras literarias y artísticas (todo el título va entre comillas o subrayado): Camilo José Cela escribió *La familia de Pascual Duarte.*
— Los sustantivos comunes de dignidad o cargo cuando se refieren a personas concretas: *El Ministro de Economía juró su cargo ante el Rey.* No llevan mayúscula cuando se emplean de forma genérica: *Los reyes del siglo pasado, los papas de Roma...*; o cuando llevan en aposición el nombre de la persona a la que se refieren: *El presidente Bush, el rey Juan Carlos I.*

Regla 4ª

Se escriben con **inicial** MAYÚSCULA:

— Los tratamientos (*Don, Excelentísimo Señor...*), especialmente si están en abreviaturas: Sr., D., Ud. o Vd. (usted). *Usted,* cuando se escribe con todas sus letras, no debe llevar mayúscula.
— Los sustantivos y adjetivos que forman parte de una institución o de un establecimiento: *Caja de Ahorros,* el *Corte Inglés, Cine Proyecciones.*
— Ciertos nombres colectivos que representan a instituciones: *el Ejército, la Corona.*
— Suele emplearse mayúscula en los nombres de las ciencias y disciplinas académicas: *Derecho, Química;* movimientos culturales y etapas importantes de la Historia: *Barroco, Edad Media.*

Regla 5ª

Se escriben con mayúscula los números romanos empleados para señalar el número de orden de reyes, papas, capítulos de obras, siglos, etc.

Ejercicios de repaso.

I. Escribe las mayúsculas precisas en los siguientes textos. Intenta recordar el motivo por el que llevan tilde.

al concluir sara su correctivo verbal, se hizo impaciente la voz de roque:

—¿has terminado?
—sí —dijo sara.
—ale, abre.

la interrogación siguiente de la sara envolvía un despecho mal reprimido:

—¿escarmentaste?
—¡no!
—entonces no abro.
—abre o echo la puerta abajo. el castigo ya se terminó. y sara le abrió a su pesar. el moñigo le dijo al pasar a su lado:
—me metíste menos miedo que otros días, sara.

* * *

I. Al concluir *Sara* su correctivo verbal, se hizo impaciente la voz de *Roque*:

—¿*H*as terminado?
—*Sí* —dijo *Sara*.
—*A*le, abre.

La interrogación siguiente de la *Sara* envolvía un despecho mal reprimido:

—¿*E*scarmentaste?
—¡*No*!
—*E*ntonces no abro.
—*A*bre o echo la puerta abajo. *El* castigo ya se terminó. *Y Sara* le abrió a su pesar. *El Moñigo* le dijo al pasar a su lado:
—*Me* metiste menos miedo que otros días, *Sara*.

Miguel Delibes: El camino, Edic. Destino, 1950.

II. carmina, hija.—¡no podré!

fernando, hijo.—podrás. podrás... porque yo te lo pido. tenemos que ser más fuertes que nuestros padres. ellos se han dejado vencer por la vida. han pasado treinta años subiendo y bajando esta escalera... haciéndose cada día más mezquinos y más vulgares. pero nosotros no nos dejaremos vencer por este ambiente. ¡no! porque nos marcharemos de aquí. nos apoyaremos el uno en el otro. me ayudarás a subir, dejar para siempre esta casa miserable, estas broncas constantes, estas estrecheces. me ayudarás, ¿verdad? dime que sí, por favor. ¡dímelo!

carmina, hija. —¡te necesito, fernando! ¡no me dejes!

fernando, hijo. — ¡pequeña! (*quedan abrazados un momento. después, él la lleva al primer escalón y la sienta junto a la pared, sentándose a su lado. se cogen las manos y se miran arrobados.*) carmina, voy a empezar en seguida a trabajar por ti. ¡tengo muchos proyectos! (*carmina, la madre, sale de su casa con expresión inquieta* [...] saldré de aquí. dejaré a mis padres. no los quiero.

* * *

II. *CARMINA, HIJA.*—¡No podré!

FERNANDO, HIJO.—Podrás. Podrás... porque yo te lo pido. Tenemos que ser más fuertes que nuestros padres. Ellos se han dejado vencer por la vida. Han pasado treinta años subiendo y bajando esta escalera... Haciéndose cada día más mezquinos y más vulgares. Pero nosotros no nos dejaremos vencer por este ambiente. ¡No! Porque nos marcharemos de aquí. Nos apoyaremos el uno en el otro. Me ayudarás a subir, dejar para siempre esta casa miserable, estas broncas constantes, estas estrecheces. Me ayudarás, ¿verdad? Dime que sí, por favor. ¡Dímelo!

CARMINA, HIJA.—¡Te necesito, Fernando! ¡No me dejes!

FERNANDO, HIJO.—¡Pequeña! (*Quedan abrazados un momento. Después, él la lleva al primer escalón y la sienta junto a la pared, sentándose a su lado. Se cogen las manos y se miran arrobados.*) Carmina, voy a empezar en seguida a trabajar por ti. ¡Tengo muchos proyectos! (*CARMINA, la madre, sale de su casa con expresión inquieta* [...] Saldré de aquí. Dejaré a mis padres. No los quiero.

A. Buero Vallejo: *Historia de una escalera*,
Espasa-Calpe, 1949.

LA M Y LA N

- Lee con atención las siguientes palabras:

asombro	convenio	perenne
campo	solemne	innovación
tiempo	columna	innoble
convertir	himno	connatural
omnipotente	sembrar	gimnasia

Regla 1ª

Siempre se escribe **M** delante de **P** y **B**; delante de **V**, siempre se escribe **N**: *compañía, componer, convenio, convertir.*

Regla 2ª

La **M** suele preceder a la **N** en las palabras **simples**: *himno, columna, alumno, indemnizar.* Hay una excepción: *perenne.* Si aparece algún prefijo (*in-, sin-, con-*), los resultados serán otros: *in*noble, *con*natural, un *sin*número. Fíjate que la **N** del prefijo se conserva ante la **N** de la palabra simple.

La **M** nunca se duplica: *inmaculada, alumno.*

- Recuerda:

El prefijo in- que puede significar:

— carencia o negación: *inmoral, inofensivo, inhumano,*
— lugar en donde: *inhumar* (enterrar),
se transforma en im- ante B y P: *imborrable, imposible;* se transforma en ir- ante *R: irremediable,*

irrepetible, irreal; o pierde la N delante de L: *ilegible, ilícito.* En los demás casos se mantiene la N (in-).

La preposición *con,* cuando aparece como prefijo (*con*-poner), transforma su N en M si la palabra a la que se une empieza por P o B: *con*-poner=*componer, comprobar, compasión;* en los demás casos se mantiene igual: *convenio, con*-natural=*connatural.*

Regla 3ª

En final de palabra siempre se escribe N *(balón, cartón, aman)* salvo en algunas palabras procedentes de otras lenguas, especialmente del latín, en las que se conserva la M final de palabra originaria: *álbum, ídem, vademécum, currículum, memorándum, tótem, referéndum, tedéum, ultimátum.*

22. Escribe M o N según corresponda y repasa la regla (de las anteriomente expresadas) que aplicas.

El conductor tuvo que inde...nizar al joven.

Su a...bición es i...noble.

Su currículu...es i...presentable e i...imaginable.

I...poner y co...poner son co...puestos del verbo poner.

I...vertir e i...berbe se forman a partir del prefijo in-.

A...bos e...pleos son i...portantes.

El laurel es un árbol de hoja pere...ne.

23. Reflexiona sobre los significados de los prefijos *in-* y *con-* y escribe la forma que adoptan en las siguientes palabras:

Tu comportamiento es i...propio de tu edad.

El ciclista salió i...leso del accidente.

Tu historia parece i...real.

Nosotros co...venimos que co...probaríais las listas.

Es i...posible e i...lícito pagar tales cantidades.

Su co...portamiento es co...natural con su carácter.

D Y Z FINALES DE PALABRA

Los fonemas /d/ (dental) y /z/ (interdental) no presentan casos de confusión entre ellos en interior de palabra; pero en posición final de palabra es fácil que su pronunciación se aproxime entre los hablantes de la zona centro de España y lleguen a confundirse: *Valladolid* (Valladoliz), *Madrid* (Madriz).

En la escritura es más fácil, con un poco de atención de tu parte, su diferenciación.

Regla 1ª

Se escribe **D final** en las palabras cuyo plural termina en -*des: pared, paredes; virtud, virtudes.*

Regla 2ª

Se escribe **Z final** en las palabras cuyo plural termina en -*ces: pez, peces; juez, jueces; raíz, raíces.*

Regla 3ª

Se escribe **D** al final de la 2ª persona del plural del imperativo: *llevar, llevad; venir venid.* Cuando a esta persona del imperativo se le une el pronombre —**os**, pierde la -**d** final: *callad, callaos; cuidad, cuidaos.* Es un vulgarismo decir *callaros, cuidaros*, utilizando el infinitivo para expresar mandato.

24. Escribe -**d** o -**z** al final de las siguientes palabras y forma el singular o plural de cada una de ellas según corresponda:

exactitu..., ...	exactitudes
virtu..., ...	....
incapa..., ...	incapaces
capacida..., ...	....
pe...es, ...	pez
ve...es, ...	....
vi...es, ...	....
die..., ...	....
vo..., ...	....
maí..., ...	....
cru..., ...	....
velo...es, ...	....
velocida..., ...	....
huéspe...es, ...	....

25. Forma el imperativo (2ª persona del singular y del plural) de los siguientes verbos y añade el pronombre **os** al plural:

comprar:	compra (tú),	comprad (vosotros),	compraos ......
dejar:	....	....	dejaos...........
subir:......	sube, ...	subid, ...	subíos,..........
venir:	....	....	....
hacer:	haz, ...	....	....
ser:	sé bueno,...	sed fieles,............	seos fieles,.....
dar:........	....	....	....
servir:	....	....	....
marchar:	....	....	marchaos, ...
ir:..........	ve,.............	id,.....................	....
estar:......	estate, ...	estad,................	estaos,..........

LA C Y LA Z

• Recuerda:

> **La letra o grafía C representa a dos fonemas distintos:**
>
> — al fonema $/K/$, ante las vocales a, o, u: *casa, cosa, curso* (c a,o,u). El fonema $/K/$ también se escribe qu (e, i) y k.
> — al fonema $/z/$, ante las vocales e, i,: *cerilla, cigarro* (c e,i).
> La letra Z sólo representa al fonema $/z/$, y sólo lo representa ante las vocales a, o, u: *zapato, zorro, zurrón.* Hay algunas excepciones:
>   *zeta* (también *ceta*), *zigzag,*
>   *enzimas, zéjel,*
>   *zelandés* (también *celandés*), Ezequiel,
>   *eczema* (también *eccema*), *zinc* (también *cinc*),
>   *ázimo* (también *ácimo*), y algunos más.

Regla 1ª

Se escribe **siempre C**, y no **Z**, antes de **T**, excepto *azteca: afecto, actitud, pacto, lectura.*

Regla 2ª

Los verbos cuyo infinitivo termina en *-acer, -ecer, -ocer, -ucir* se escriben con **Z** cuando aparece este fonema en posición final de sílaba:

crecer: *crezco,* creces, crece, crecemos, crecéis, crecen. *crezca, crezcas, crezca, crezcamos, crezcáis,...*

26. Rellena los espacios en blanco.

El ...ine empie...a a las seis.

Que comien...e Pedro por cualquier ...ifra.

Tiene un aspe...to agradable; pero espero que nos mere...camos algo más.

Había ...ientos de pe...es en la orilla.

Tiene un ec...ema que pare...e una ...icatriz.
El ...iervo fue ca...ado por un furtivo.

• Recuerda:

Sobre las palabras acabadas en *-ción* no hay reglas fijas que nos aseguren que se escriban con una *c* o con dos *cc.*

Recurrir al latín es un método que da buenos resultados; si dicha palabra procede de una latina que lleve el grupo *-ct-*, se escribe con dos *cc:*

le*ct*ione (m) → le*cc*ión.
di*ct*ione (m) → di*cc*ión.

Pero, como tal vez no tengas conocimientos de dicha lengua, te lo diré de otra forma. Si al formar la familia de las palabras que te plantean la duda, encuentras alguna palabra de esa familia con las letras -*ct*-, entonces tu palabra dudosa se escribe con dos -*cc*-:

corre*cc*ión....	incorre*ct*o..........
le*cc*ión.........	le*ct*ura, le*ct*or.
fra*cc*ión........	fra*ct*ura..............
objeción.......	*objetor,... objetar* (no aparece -c*t*-)
relación	*relator, relatar*.... (no aparece -*ct*-)
atra*cc*ión......	atra*ct*ivo.............

A veces resulta difícil encontrar en el momento preciso la palabra adecuada; pero, aun así, merece la pena aplicar este método. Lo comprobarás mejor en el próximo ejercicio.

27. Escribe una **c** o dos **cc** en las siguientes palabras e intenta encontrar alguna palabra de su familia léxica que justifique tu respuesta.

convi*cc*ión............	convi*ct*o........................
nega*c*ión:.............	negativo........................
calefa...ión:..........	....
discre...ión:..........	....
contra*cc*ión:.........	contraído; pero contra*ct*o.............
adi*c*ión:................	aditivo (suma)............................
adi*cc*ión:..............	adi*ct*o a la droga (dependencia)....

afe...ión:................   ....

redu...ión: ....

infe...ión:...............   ....

rea...ión: ....

se...ión:.................   sector...

priva...ión:.............   ....

perturba...ión: ....

abstra...ión:...........   ....

a...ión: ....

perfe...ión: ....

inspe...ión: ....

La mayoría de las palabras acabadas en **-ción** se escriben con una **c**, con dos **cc** se escriben menos; pero algunas de estas últimas son de uso frecuente: *partición, medición, excepción, civilización, plantación, peregrinación, salutación, ampliación, conversación,* etc.

Ejercicios de repaso

Completa las palabras mutiladas con las letras *m, n, d, c, z.*

I. Un raton...ito de los tebeos, ca...sado de vivir entre las páginas de un periódico y desea...do ca...biar el sabor del papel por el del queso, dio un buen salto y se e...co...tró en el mu...do de los ratones de carne y hueso.

—¡*Squash!*— exclamó in...ediatame...te, olie...do a gato.

—¿Cómo ha dicho? —cuchichearon los otros ratones, puestos en un aprieto por aquella extraña palabra.

—¡*Sploom, bang, gulp!* —dijo el raton...ito, que sólo hablaba el idioma de los tebeos.

—Debe de ser tur...o —observó un viejo ratón de bar...o, que antes de retirarse había estado de servi...io en el Mediterráneo. E i...tentó dirigirle la palabra en tur...o.

El ratón...ito miró aso...brado y dijo:

—*Ziip, fiish, bronk.*

—No es tur...o —concluyó el ratón navega...te.

* * *

I. Un ratoncito de los tebeos, cansado de vivir entre las páginas de un periódico y deseando cambiar el sabor del papel por el del queso, dio un buen salto y se encontró en el mundo de los ratones de carne y hueso.

—¡*Squash!* —exclamó inmediatamente, oliendo a gato.

—¿Cómo has dicho? —cuchichearon los otros ratones, puestos en un aprieto por aquella extraña palabra.

—¡*Sploom, bang, gulp!* —dijo el ratoncito, que sólo hablaba el idioma de los tebeos.

—Debe de ser turco —observó un viejo ratón de barco, que antes de retirarse había estado de servicio en el Mediterráneo. E intentó dirigirle la palabra en turco.

El ratoncito miró asombrado y dijo:

—*Ziip, fiish, bronk.*

—No es turco —concluyó el ratón navegante.

GIANNI RODARI: *Cuentos por teléfono,*
Editorial Juventud, 1973.

II. —¿Por qué no i...ventamos unos números?

—Bueno, e...pie...o yo. Casi uno, casi dos, casi tres, casi ...uatro, casi ...in...o, casi seis,

—Es demasiado po...o. Escucha éstos: un remillón de billona...os, un ochote de milenios, un maramillar y un maramillón.

—Yo enton...es me i...ventaré una tabla:

tres por uno, concierto gatuno	tres por seis, no me toquéis
tres por dos, peras con arro...	tres por siete, quiero un juguete
tres por tres, salta al revés	tres por ocho, nata con biz...ocho
tres por ...uatro, vamos al teatro	tres por nueve, hoy no llueve
tres por ...in...o, pega un brin...o	tres por die..., lávate los pies.

—¿Cuá...to vale este pastel?
—Dos tirones de orejas.
—¿Cuá...to hay de aquí a Milán?
—Mil kilómetros nuevos, un kilómetro usado y siete bo...bones.
—Cuá...to pesa una lágrima?
—Depe...de: la lágrima de un niño caprichoso pesa menos que el vie...to, y la de un niño ha...brie...to pesa más que toda la tierra.

* * *

II. —¿Por qué no inventamos unos números?

—Bueno, empiezo yo. Casi uno, casi dos, casi tres, casi cuatro, casi cinco, casi seis.

—Es demasiado poco. Escucha éstos: un remillón de billonazos, un ochote de milenios, un maramillar y un maramillón.

—Yo entonces me inventaré una tabla:

tres por uno, concierto gatuno	tres por seis, no me toquéis
tres por dos, peras con arroz	tres por siete, quiero un juguete
tres por tres, salta al revés	tres por ocho, nata con bizcocho
tres por cuatro, vamos al teatro	tres por nueve, hoy no llueve
tres por cinco, pega un brinco	tres por diez, lávate los pies.

—¿Cuánto vale este pastel?
—Dos tirones de orejas.
—¿Cuánto hay de aquí a Milán?
—Mil kilómetros nuevos, un kilómetro usado y siete bombones.
—¿Cuánto pesa una lágrima?
—Depende: la lágrima de un niño caprichoso pesa menos que el viento, y la de un niño hambriento pesa más que toda la tierra.

GIANNI RODARI: *Cuentos por teléfono*,
Editorial Juventud, 1973.

LA **R** Y LA **RR**

Regla 1ª

El fonema /r/ (vibrante simple) se escribe siempre con una sola *R*; y aparece en posición intervocálica (*cara*), final de sílaba (*arco*) o final de palabra (*comer*). Nunca aparece este fonema (/r/) en posición inicial de palabra, aunque sí puede aparecer en esa posición la letra **R**; pero representando al fonema /rr/ (vibrante múltiple): *rata*.

Regla 2ª

El fonema /rr/ (vibrante múltiple) se escribe o representa con las siguientes letras:

— Con la letra **R**, cuando aparece en posición inicial de palabra: *roto, ratón;* o cuando aparece en interior de palabra detrás de **L**, **N**, **S** (*alrededor, honra, Israel*) o tras los sufijos **ab-**, **sub-**, **post**: *subrayar, postromántico, abrogar.*
— Con la doble letra **RR**, cuando va entre vocales: *carro, cerro, arroyo.*

28. Rellena los espacios en blanco con las letras **R** o **RR** y escribe al final a cuál de los dos fonemas representa cada letra.

a*rr*oyo vibrante múltiple /rr/ ....　...........................

...ojo: ....　...........................

ca...a: vibrante simple /r/ ....　...........................

en...edadera: ....　...........................

...éplica: ....

contra...éplica:.................................... ....

vice...ector:.. ....

en...iquecer: ....

auto...etrato:...................................... ....

pa...a: vibrante simple /r/ (para) y vibrante múltiple /rr/ (parra).

pe...a: ....

En...ique:.. ....

hon...adez:... ....

is...aelita:... ....

LA S Y LA X

• Recuerda:

> Debes recordar que la letra X no supone la existencia de un nuevo fonema dentro del castellano; unas veces se pronuncia como /s/, otras, como /ks/, o /gs/: /estremo/, /taksi/, /égsito/.
>
> La Ortografía de la Real Academia Española reconoce que la X en final de sílaba ante consonante se pronuncia como S (extremo); en 1969 la Ortografía académica reconoce además que frecuentemente se pronuncia como S la X inicial de palabra (x (s) ilografía, x (s) enofobia y en final de palabra (fénix, Almorox). Hay que añadir que la X intervocálica también se pronuncia en muchos casos como S: exacto → /esacto/, auxilio → /ausilio/. Después de leer esto, comprenderás que es difícil eliminar la confusión S-X.
>
> También se autoriza la pronunciación de la X como j

(/j/) en palabras en las que se conserva por tradición: *México, Texas*. No está bien pronunciado si leemos *Méksico*.

29. Escribe **X** o **S** en los espacios en blanco.

El te...to era e...traño; pero conseguí e...plicarlo.

Se e...pre...a con dificultad.

E...agera e...traordinariamente sus dolores.

Pre...entaba un a...pecto e...trafalario.

Los e...pectadores reaccionaron e...pléndidamente con unos aplau...os e...pontáneos.

El é...ito de la e...cur...ión fue un premio para la organización.

Su e...tudio de la sinta...is fue e...téril; no consiguió aprobar el e...amen.

Regla 1ª

Se escriben con **X** las palabras compuestas por los prefijos latinos **ex-, extra-** (fuera de): *extraer, extraordinario.*

Regla 2ª

Se escriben con **S** las palabras que empiezan por **estra-** o **es-** y no proceden de los prefijos latinos **extra-, ex-**: *estéril, estrategia, estructura, estrato.*

Es muy difícil memorizar reglas sobre la **X** o la **S**. Yo te aconsejo que te *"agarres"* a las palabras de uso habitual, sin fijarte en reglas: *existir, existencia, próximo, examen, auxilio, texto, máximo, textil, extranjero.* En caso de duda, escribe *S*.

Te ofrezco una breve lista de palabras "**habituales**" con **X** y con **S**, en algunos casos es clara la presencia de los prefijos *ex-*, *extra-*; en otros casos no.

éxito	exponer	escaso
examen	exclamar	esclavo
expresar	extramuros	escoger
exhibir	extraterrestre	espectador
excavar	extranjero	espeso
exceder	excursión	espléndido
extraer	existir	espontáneo
exportar	próximo	estéril
extenso	extraño	estimar
extremo		estrategia
excluir	escama	estrecho
excepción	escape	estructura

LA **Y** Y LA **LL**

• Recuerda:

> La letra **Y** representa a la vez al fonema consonántico palatal /y/ (*raya, hoyo*) y al fonema vocálico cerrado /i/(*niño, buey,* tú **y** yo). Se distinguen fácilmente en la pronunciación.

Regla 1ª

> Se escribe **Y** (consonante) cuando va seguida de vocal al principio o en interior de palabra: *yate, yugo, hoyo, raya;* pero se escribe *I* (i) —vocal— cuando va al principio de palabra seguida de consonante: *invierno, Isabel, inútil.*

30. Escribe oraciones en las que aparezcan las siguientes palabras:

yema: ....

ayer: ....

calle: ....

yeísmo: El yeísmo es un fenómeno fonético que consiste en la confusión de los fonemas $/y/$ y $/ll/$.

yunta: ....

hiena: ....

hierba: ....   yerba:...........................

hiedra: ....   yedra:...........................

hielo: ....

hierro: ....

No te extrañes de que en el ejercicio anterior aparezcan algunas palabras que comienzan por *hie-*. Fíjate que, en realidad, lo que pronuncias es el fonema $/y/$ (consonante); hasta tal punto es así que la R. A. E. (Real Academia Española) admite las dos escrituras en las palabras *hierba* (*yerba*) y *hiedra* (*yedra*), reconociendo como más correcta la forma con *hie-*.

Regla 2ª

> Se escribe **Y** (vocal) siempre la conjunción copulativa y.

Regla 3ª

> Se escribe **Y** (vocal) al final de palabra, cuando va detrás de otra vocal con la que forma diptongo: *estoy, ley, buey*. Los plurales de estas palabras también se escriben con *Y*; pero en estos casos es consonante: *leyes, bueyes*.

Regla 4ª

Se escribe **Y** (consonante) en los tiempos de los verbos cuyos infinitivos no lleven ni **Y** ni **LL**, cuando en la conjugación aparezca este sonido; si el infinitivo lleva uno de los dos sonidos, se mantiene en la conjugación: ca*ll*ar, ca*ll*ando,
(no lleva) caer: .... se *cayó* al suelo, *cayéndose* ....
(no lleva) oír: .... *oyendo*, se *oyó* ....
(no lleva) ir: .... *vayamos, yendo* a casa, ...
(sí lleva) ca*ll*ar: .... se *calló* la boca, ...

Regla 5ª

Se escriben con **Y** (consonante) las palabras que contienen la sílaba —*yec*—: *proyecto, inyección, trayecto.*

Regla 6ª

Se escribe **Y** (consonante) detrás de los prefijos *ad-* (*adyacente*), *dis-* (*disyuntivo*) y *sub-* (*subyugar*).

31. Escribe *i, y,* o *ll,* según corresponda, en los espacios en blanco.

- El ma...ordomo se ca...ó, porque no tenía razón.
- Cuando va...as a casa, ten cuidado con el ho...o que ha... en la h...erba.
- Los bue...es hu...en del ...ugo.
- El niño se ca...ó en el tra...ecto de su casa al parque.
- A...er le... en el periódico lo que ocurrió en la ca...e de mi amigo.
- Pedro se encontró a su hermano pequeño ...orando ... no supo arru...arlo.
- El niño se ca...ó al arro...o.

• Recuerda:

El fonema /*ll*/ no debía plantear ningún problema ortográfico; pero, por su proximidad al fonema /*y*/, se confunde con él en muchas zonas. Este fenómeno se llama yeísmo.

El yeísmo consiste en la pérdida o desaparición de la distinción existente entre los fonemas /*ll*/ (palatal, lateral) y /*y*/ (palatal, fricativo). Este fenómeno está muy extendido. Esto impide distinguir en la pronunciación palabras como *halla* (del verbo hallar) y *haya* (del verbo haber), y provoca faltas de ortografía en palabras como *mayoría* (algunos escriben ma*ll*oría).

Regla 7ª

Se escriben con **LL** las palabras terminadas en **-illo, -illa**: *castillo, membrillo, molinillo, limosnilla.*

Regla 8ª

Se escriben con **LL** las palabras que comienzan por **fu-, fo-, fa-**: *fuelle, folleto, fallar.*

Ejercicios de repaso

Completa las palabras mutiladas con las letras *r*, *rr*, *s*, *x*, *ll*, *y*.

I. El Sol viajaba por el cielo, aleg...e ... glo...ioso, en su ca...o de fuego, de...pidiendo sus ra...os en todas di...ecciones, con g...an ...abia de una nube de tempestuo...o humo..., que mu...mu...aba:

—De...pilfa...ado..., mani...oto; de...ocha, de...ocha tus ra...os, ...a ve...ás lo que te queda.

En las viñas, cada ...acimo de uva que madu...aba en los sarmientos ...obaba un ra...o por minuto, inclu...o dos; ... no había b...izna de hie...ba, a...aña, flo...o gota de agua que no toma...e su pa...te.

—Deja, deja que todos te roben: ve...ás de qué mane...a te lo ag...adece...án cuando ...a no te quede nada que puedan ...oba...te.

El Sol p...o...eguía aleg...emente su viaje, ...egalando ra...os a mi...ones, o bi...ones, sin conta...los.

Sólo en su oca...o contó los ra...os que le quedaban, ..., mi...a po...dónde, no le faltaba siquie...a uno. La nube so...p...endida, se de...hizo en g...anizo.

El Sol se zambu...ó aleg...emente en el ma....

* * *

I. El Sol viajaba por el cielo, alegre y glorioso, en su carro de fuego, despidiendo sus rayos en todas direcciones, con gran rabia de una nube de tempestuoso humor, que murmuraba:

—Despilfarrador, manirroto; derrocha, derrocha tus rayos, ya verás lo que te queda.

En las viñas, cada racimo de uva que maduraba en los sarmientos robaba un rayo por minuto, incluso dos; y no había brizna de hierba, araña, flor o gota de agua que no tomase su parte.

—Deja, deja que todos te roben: verás de qué manera te lo agradecerán cuando ya no te quede nada que puedan robarte.

El Sol proseguía alegremente su viaje, regalando rayos a millones, a billones, sin contarlos.

Sólo en su ocaso contó los rayos que le quedaban, y, mira por dónde, no le faltaba siquiera uno. La nube sorprendida, se deshizo en granizo.`

El Sol se zambulló alegremente en el mar.

GIANNI RODARI: *Cuentos por teléfono,*
Editorial Juventud, 1973.

II. Una vez había una re... que iba a mo...irse. E...a un re...mu... pode...oso, pe...o e...taba g...avemente enfe...mo ... se de...e...pe...aba:

—¿Cómo es po...ible que un re... tan pode...oso pueda mo...ir? ¿Qué hacen mis magos? ¿Po...qué no me salvan?

Pe...o los magos habían e...capado po... miedo a pe...de... la cabeza. Sólo uno se había quedado, un viejo mago al que nadie hacía ca...o po...que e...a más bien e...travagante e inclu...o e...taba un poco chiflado. El re... no lo con...ultaba desde hacía muchos años, pe...o en esta oca...ión lo mandó ...amar.

—Puedes salva...te —dijo el mago—, pe...o con una condición: que cedas tu t...ono po... un día al homb...e que más se te pa...ezca. Entonces, él mo...irá en tu luga.... [...]

Se p...e...enta...on muchos: algunos ...evaban una ba...ba igual que la del re..., pe...o tenían la na...iz un poquitín más la...ga o más co...ta, ... el mago los desca...tó; otros se pa...ecían al re... como una na...anja se pa...ece a otra en el cajón del ve...dule...o, pe...o el mago los desca...tó po...que les faltaba un diente o po...que tenían un luna... en la espalda.

* * *

II. Una vez había un rey que iba a morirse. Era un rey muy poderoso, pero estaba gravemente enfermo y se desesperaba:

—¿Cómo es posible que un rey tan poderoso pueda morir? ¿Qué hacen mis magos? ¿Por qué no me salvan?

Pero los magos habían escapado por miedo a perder la cabeza. Sólo uno se había quedado, un viejo mago al que nadie hacía caso porque era más bien extravagante e incluso estaba un poco chiflado. El rey no lo consultaba desde hacía muchos años, pero en esta ocasión lo mandó llamar.

—Puedes salvarte —dijo el mago—, pero con una condición: que cedas tu trono por un día al hombre que más se te parezca. Entonces, él morirá en tu lugar. [...]

Se presentaron muchos: algunos llevaban una barba igual que la del rey, pero tenían la nariz un poquitín más larga o más corta, y el mago los descartó; otros se parecían al rey como una naranja se parece a otra en el cajón del verdulero, pero el mago los descartó porque les faltaba un diente o porque tenían un lunar en la espalda.

Gianni Rodari: *Cuentos por teléfono*,
Editorial Juventud, 1973.

LA B

La **b** suena igual que la **v**, y, a veces, igual que la **w**; por ello la confusión **b-v** es una de las más frecuentes. Tendremos que recurrir a todos los medios a nuestro alcance: relación, léxica, prefijos, sufijos, composición, derivación, etc.

Si sabes algo de latín, o si estudias algo, comprobarás con cierta facilidad que una gran cantidad de palabras que en latín se escribían con —**p**— intervocálica transforman esta consonante en —**b**— (su sonora correspondiente) al evolucionar dentro del castellano:

apicula (m) → *abeja, capitulu (m)* → *cabildo, capere* → *caber, paupere (m)* → *pobre, sapere* → *saber.*

Lo puedes comprobar repasando los cultismos —palabras tomadas directamente del latín— de esas palabras: apicultura, capítulo, capitular, capacidad, cupe, paupérrimo, sapiencia...

Regla 1ª

> Se escriben con **B** los verbos **haber, deber**, y **beber.**

32. Conjuga los siguientes tiempos del verbo *haber.*

Pretérito perfecto de indicativo .... he habido...............

Pretérito imperfecto de indicativo .... había.................

Presente de subjuntivo .... haya ....

33. Escribe los siguientes tiempos del verbo *deber.*

Presente de indicativo...

Futuro perfecto de indicativo .... habré debido.............

Presente de subjuntivo..

34. Repasa la familia léxica de *beber*, escribe los tiempos más usados de dicho verbo.

bebedor, bebida..

....

....

Regla 2ª

Se escriben con **B** los verbos acabados en -**bir** y en **buir**, excepto *hervir, servir* y *vivir*.

35. Escribe frases en las que aparezcan los verbos siguientes.

subir: .... Los precios suben más de lo previsto.......

prohibir ....

concebir ....

atribuir ....

imbuir ....

escribir ....

recibir..

inhibir...

atribuir ....

distribuir..

36 Forma la familia léxica de los siguientes verbos.

hervir, hervor..

servir, servidor, sirviente...

vivir..

Regla 3ª

Se escriben con **B** las terminaciones del pretérito imperfecto de indicativo de la 1ª conjugación: *-ba, -bas, -ba, -bamos, -bais, -ban.* Y el mismo tiempo del verbo *ir:* iba, ibas, iba,...

37. Conjuga el pretérito imperfecto de indicativo de los siguientes verbos y escribe frases con dicho tiempo.

observar .... observaba.................................

robar ....

hablar .... hablaba ....

llevar ....

ir .... iba ....

estar..

andar..

jugar..

bailar..

preservar .... preservaba.............................

Presta atención para no confundir la **v** o la **b** del lexema o raíz con la **b** de la terminación del preterito imperfecto de la 1ª conjugación.

Regla 4ª

Se escriben con **B** las palabras terminadas en **-bilidad**, **-bundo**, **-bunda**; excepto *movilidad* y *civilidad.*

38. La mayoría de los adjetivos acabados en **-ble** forman un sustantivo que termina en **-bilidad**: *amable* → *amabilidad.* Escribe el adjetivo del que se derivan cada uno de los siguientes nombres y redacta una frase con uno de los dos.

contabilidad: (*contable*)..

afabilidad ....

estabilidad...

potabilidad: (*potable*) El agua de esta fuente no es potable.

rentabilidad ....

flexibilidad...

responsabilidad ....

impasibilidad..

posibilidad...

infalibilidad: (*infalible*)..

visibilidad ....

39. Redacta frases utilizando los siguientes adjetivos.

vagabundo ....

tremebunda..

moribundo..

nauseabundo..

40. Forma la familia léxica de las siguientes palabras.

movilidad, móvil, movible, mover, automóvil.................

....

civilidad..

....

Ahora comprenderás por qué *movilidad* y *civilidad* son la excepción de la regla anterior; porque en realidad añadimos -*idad*, y no -*bilidad*.

Regla 5ª

Se escribe con **B** toda palabra en que el fonema /b/ vaya delante de otra consonante: *brazo, blusa, obtener, subvención, sensible.*

41. Escribe frases en las que aparezcan las siguientes palabras.

abrir ....

broma ....

brisa ....

bravo ....

blanco ....

bloque ....

observación ....

subvención ....

obtener ....

Regla 6ª

Se escriben con **B** las palabras que empiezan por **bibl-** (libro), **bu-**, **bur-**, **bus-**: *biblioteca, butaca, burgués, búsqueda.*

42. Busca el significado de las siguientes palabras y construye una frase con cada una de ellas.

bibliografía ....

bibliófilo ....

buril ....

butrón (Arte de pesca en forma de cono) ....

bureo ....

bufón ....

bucal (Pertenenciente o relativo a la boca) ....

buzo ....

burdel ....

burlesco ....

bursátil ....

busto ....

buhardilla ....

buscar ....

Regla 7ª

Se escriben con **B** las palabras que lleven alguno de los siguientes prefijos:

bene-, ben-, bien- (bien): *beneficio.*
bi-, bis-, biz- (dos): *bilateral.*
bio- (vida), también sufijo, *-bio: biólogo, microbio.*
ab-, abs- (separación, procedencia): *ablación, abstraer.*
sub-, su- (debajo de): *suboficial.*

43. Redacta la familia léxica del prefijo *bene-*, *ben-*, *bien-*, y escribe alguna frase con algunas de ellas.

beneficio, bendición ....

....

....

....

44. Busca en tu diccionario los significados de las siguientes palabras y forma una frase con cada una de ellas.

bifurcarse ....

bilateral ....

bígamo (que se casa por segunda vez, viviendo el primer cónyuge.) ....

bifocal ....

bilabial (Dícese del sonido en cuya pronunciación intervienen, los dos labios: b.) ....

bípedo ....

bilingüe ....

biznieto (bisnieto) ....

biopsia ....

biografía ....

anfibio ....

absolución ....

absorber ....

subcutáneo (que está inmediatamente debajo de la piel)

submarino ....

subterráneo ....

Regla 8ª

Se escriben con **B** todos los compuestos y derivados de las palabras que llevan esta letra.

45. Escribe la familia léxica de las siguientes palabras.

bando, bandada, ...

bravo...

barco...

probar ....

hierba..

boca, bucal, ...

barba..

bolso...

base ....

habitar..

rebelarse, compáralo con *revelar* ....

LA V

• La letra **V** representa al fonema /b/ junto a las letras **B** y **W** (ésta en algunos casos). No es correcta en castellano la pronunciación labiodental (como una **F**) de la **V** (*v-f-ino, v-f-ender*) que algunos profesores (y algunos periodistas) hacían principalmente en los dictados para diferenciar la **V** de la **B**.

Lee con atención las siguientes palabras:

investigación	invidente	envío
envidia	invariable	convento
invierno	invasor	adversidad
adverso	adversativo	inadvertido
adversario	invento	advocación

Si las has leído con detención, tú mismo puedes deducir las siguientes reglas sobre la **V**.

Regla 1ª

Se escriben con **V** las palabras que empiezan con el **prefijo** *ad-*, si va seguido del fonema /b/: *adverbio, adviento*.

Regla 2ª

Se escribe **V** después de las letras **B**, **D** y **N**: *subvención, obvio, advertencia, envío, convento*.

Regla 3ª

Se escriben con **V** las palabras (la mayoría son adjetivos) terminadas en:

-ava (*octava*), *-ave* (*suave*), *-avo* (*octavo*)
-eva (*nueva*), *-eve* (*leve, nueve*), *-evo* (*nuevo*)
-iva (*activa*), *-ivo* (*activo*)

Se execptúan las siguientes palabras:

— *árabe* y sus compuestos,
— *sílaba* y sus compuestos,
— el pretérito imperfecto de los verbos de la 1ª conjugación y del verbo irregular *ir*: *amaba, iba*.
— unas pocas palabras más: *arriba, criba, lavabo, cabo...*

46. Rellena los espacios en blanco.

ad...erbio	en...ío	ob...io
ad...ertir	in...idente	sub...ención
ad...ersario	in...ierno	en...idia
ad...ertencia	con...enio	in...estigación

47. Forma frases con las siguientes palabras y escribe algunas palabras de su familia léxica.

nuevo: .... Habrá nuevos libros de texto; ....
novedad, novedoso, novato, novicio.......

breve: ....

grave: ....

árabe: .... Los árabes llegan a España en el siglo
VIII; ....mozárabe, arábigo,
arabesco (es una excepción)................

cautivo: ....

activo: ....

suave: ....

leve: ....

saliva:............ ....

sílaba: .... recuerda que es una excepción ....

negativo: ....

octavo: .... octavilla ....

Muchos *partitivos* terminan en -*avo*, -*ava*:

Once: onceavo, onceava parte.
Doce: doceavo, doceava parte, etc.

Regla 4ª

Se escriben con **V** todos los presentes (indicativo, subjuntivo e imperativo) del verbo **ir**: *voy, vaya, ve*; y todas las personas del pretérito indefinido y del pretérito imperfecto de subjuntivo de los verbos **estar, andar, tener**, y sus compuestos: *estuve, estuviera, anduve, anduviera*.

48. Conjuga los siguientes tiempos del verbo **ir**:

Presente de indicativo: voy, vas, va.............................

Pretérito imperfecto de indicativo: iba, ibas ....

Presente de subjuntivo:.......................................

Imperativo: ve a casa (vete), id...............................

49. Conjuga los siguientes tiempos de los verbos *estar* y *andar*:

Pretérito indefinido: estuve..................................

anduve ....

Pretérito imperfecto de indicativo: estaba....................

andaba ....

Pretérito imperfecto de subjuntivo:

....

....

Recuerda que si un verbo es irregular en el pretérito indefinido (*estuve, anduve*) presenta la misma irregularidad en el pretérito imperfecto de subjuntivo.

50. El verbo **tener** sirve para formar muchos compuestos. Escribe las personas del singular del pretérito indefinido y del pretérito imperfecto de subjuntivo de los siguientes verbos:

obtener: ....

contener: ....

mantener: mantuve, mantuviste, mantuvo; mantuviera, mantuvieras,..

sostener:...

entretener: ....

detener: ....

atenerse: ....

abstenerse: ....

retener: ....

Regla 5ª

Se escriben con **V** las palabras terminadas en **-viro,** **-vira,** **-ívoro,** **-ívora:** *triunviro, Elvira, carnívoro, herbívoro.*
Se exceptúa **víbora.**

Regla 6ª

Se escriben con **V** las palabras que llevan el prefijo latino

vice- .... *vicerrector*
viz-   (en lugar de) *vizconde*
vi-   .... *virrey*

Recuerda que el prefijo **bi-** significa "dos": *bísilabo* (dos sílabas).

Regla 7ª

Se escriben con **V** las palabras que empiezan por **eva-** (evasión), **eve-** (eventual), **evi-** (evidente), **evo-** (evocar). Se exceptúan **ébano, ebanista** y algunos más.

Regla 8ª

Se escriben con **V** la palabra **villa** y sus compuestos: *villano, Villalobos, Villalba.*

51. El sufijo -**voro** significa *comer*. Busca en el diccionario los significados de las siguientes palabras:

herbívoro:..

carnívoro:...

omnívoro:..

insectívoro:...

frugívoro: ....

granívoro: el que se alimenta de granos o semillas.........

52. Recuerda el significado del prefijo *vice-, viz-, vi-*. Añade este prefijo a las siguientes palabras, reflexiona sobre su significado:

director:...

conde: ....

rey: ....

presidente: ....

almirante:...

secretario: vicesecretario (persona que hace o puede
hacer las veces del secretario ....

53. Rellena los espacios en blanco.

e...asión	e...itar	é...ano
E...a	e...angelio	e...idente
e...entual	e...olución	e...ocar
e...aluación	e...ento	e...anista

Regla 9ª

Se escriben con **V** las palabras derivadas y compuestas de las que llevan esta letra: *llevar* → *sobrellevar, conllevar*.

54. A partir de las siguientes, forma nuevas palabras añadiendo prefijos o sufijos.

mover: ....

vender: .... venta, reventa, compraventa, ...

vivir: ....

venir: prevenir, preventivo, desprevenir, convenir, conveniencia, convenio, sobrevenir, contravenir.

hervir: ....

Palabras de uso frecuente, no incluidas en ninguna regla de ortografía, que se escriben con **V**:

avanzar	vacación	victoria
avión	valer	viejo
aviso	vecino	viento
civil	veinte	vino
convertir	velar	virgen
cultivar	vela	virtud
favor	vender	víspera
joven	venir	volar
llevar	ver	voluntad
lluvia	verbo	vosotros
mover	verdad	vocal
observar	vestir	votar
reservar	vez	voto
todavía	vía	voz
vacío	vida	

Palabras homófanas de B/V.

Homófonas son las palabras que tienen igual pronunciación o sonido (homo: igual, fonos: sonido) pero distinta escritura y distinto significado. El significado te orienta sobre la ortografía de cada una de ellas. Algunas veces las palabras homófonas (*echo/hecho*) pueden ser homógrafas —suenan igual y se escriben igual— (*canto* - cantar, *canto* - esquina).

acerbo (áspero al gusto, cruel)

acervo (montón de cosas pequeñas)

bobina (carrete de hilo,...)

bovina (perteneciente al toro o la vaca)

baca (del coche)

vaca (animal)

bacilo (bacteria)

vacilo (vacilar, titubear)

basar (apoyar, asentar...)

vasar (estantería de cocina)

basta (bastar, ser suficiente, persona ordinaria)

vasta (extensa, grande)

base (apoyo, fundamento)

vase (se va-verbo ir-)

baya (fruto de algunas plantas)

vaya (verbo ir)

bello (hermoso)

valla (cerca, obstáculo)

vello (pelusilla, pelo suave)

bienes (posesiones, riquezas)

vienes (verbo venir)

botar (arrojar, saltar, lanzar la pelota, el buque)

votar (emitir el voto)

cabe (verbo caber)

cave (verbo cavar)

cabo (accidente geográfico, rango militar)

cavo (verbo cavar)

combino (verbo combinar)

convino (verbo convenir)

grabar (esculpir, fijar algo, una cinta...)

gravar (cargar un impuesto, imponer un tributo)

haber (verbo)

a ver (preposición, y verbo)

hierba (planta)

hierva (hervir)

rebelar (se) (sublevarse, levantarse frente a alguien)

revelar (manifestar, descubrir un secreto, una fotografía)

sabia (mujer inteligente)

savia (jugo de las plantas)

sabía (verbo saber)

tubo (pieza hueca)

tuvo (verbo tener)

LA H

La letra **H** no representa a ningún fonema, es una letra muda. En el latín que trajeron los romanos a España ya no se pronunciaba, tampoco en los primeros pasos del castellano. En la antigua ortografía se escribía *ombre, onor*; después se recupera esta **H** muda para imitar la *ortografía* latina.

En castellano hay otra *H-* inicial procedente de *F-* inicial latina que en un principio se pronunciaba aspirada en castellano (*facere* en latín → *hacer*, pronunciado "*jaser*"); pero, a partir del siglo XVI, esta **H** procedente de **F-** inicial latina es muda también en castellano, excepto en algunas zonas de Extremadura y de Andalucía donde sigue sonando *aspirada*:

Latín	Castellano ant. XVI	Castellano actual	Extremeño Andaluz
facere	fazer	hacer	"jaser"
fundu (m)	fondo	hondo	"jondo"
fincare	fincar	hincar	"jincar"
ferru (m)	fierro	hierro	"jierro"
ficu (m)	figo	higo	"jigo"

Muchas de estas palabras que empezaban por **F-** inicial latina (que después se transformó en **H-**) han dado origen a dos familias léxicas distintas, relacionadas por el significado:

a) Una familia léxica de palabras **patrimoniales** (aquellas que desde el primer momento pasaron del latín al castellano y se fueron desgastando con los siglos), que comienzan por **H-**: *facere* → *hacer, hecho...*

b) Otra familia léxica formada por **cultismos** (aquellas palabras tomadas directamente del latín en épocas posteriores al siglo XVI): *facere* → *factible, factor, fechoría.*

Regla 1ª

> Se escriben con **H** todos los tiempos de los verbos **haber** y **hacer**.

55. Conjuga los siguientes tiempos del verbo **hacer**.

Presente de indicativo: hago, haces ....

Pretérito perfecto de indicativo: ....

Futuro imperfecto de indicativo: ....

Presente de subjuntivo: haga, hagas ....

Pretérito indefinido: hice, hiciste ....

56. Escribe las palabras **patrimoniales** y los **cultismos** derivados de las siguientes palabras latinas:

ferru (m) (hierro): *férreo, ferrocarril* ....

facere (hacer): *fechoría* ....

fugere (huir): *fugitivo* ....

filiu (m) (hijo): *filial* ....

Regla 2ª

> Se escriben con **H** las palabras que llevan los siguientes prefijos griegos:
>
> **hiper-** (sobre, por encima de): *hipertensión.*
> **hipo-** (debajo de, subordinado a): *hipotensión.*
>   En algunos casos, *caballo: hipódromo.*
> **homo-** (igual, parecido): *homogéneo.*
> **hemi-** (medio, mitad): *hemisferio.*
> **hemo (a)-** (sangre): *hemorragia*
> **hetero-** (distinto, diferente): *heterogéneo.*
> **hidr(o)-** (agua): *hidratación.*

helio- (sol): *heliotropo.*
hexa- (seis): *hexágono.*
hepta- (siete): *heptasílabo.*
hect(o)- (cien): *hectárea.*

57. Intenta escribir las palabras que llevan el prefijo **hidr(o).** Te recuerdo que el prefijo **higr(o)-** significa humedad.

hidr(o)- hidroavión, ...

higr(o)- higrómetro,...

58. El prefijo **hipo-** significa "debajo de" y la palabra griega **hipo,** "caballo". Completa las palabras derivadas de cada uno de ellos.

hipo- (debajo de) hipocentro, ...

hipo (caballo) hipopótamo (caballo de río),...................

59. Forma el mayor número posible de palabras con los siguientes prefijos. Recurre al diccionario.

homo- homosexual, homófono, ...

hem(o) (a)- hematoma (tumor producido por sangre
         acumulada),...

hetero- ....

hemi- hemiplejia,...

Regla 3ª

    Se escriben con **H** todas las palabras que empiezan por los diptongos **hia-, hie-, hue-: hiato, hiedra, huésped.**

> **Fíjate bien: Aquellas palabras que empiezan por** *hue-* **conservan la H en todos los compuestos y derivados, aunque no empiecen por hue-:** *huésped, hospedaje; huerto, hortelano; huelga holgar;* **excepto las palabras compuestas y derivadas de** *hueso, huevo, huérfano, hueco, huelo* **(verbo** *oler*)**, cuando el diptongo hue- se transforma en o-:** *óseo, ovario, orfanato, oquedad, huelo, hueles, olemos*

60. Escribe la familia léxica de las siguientes palabras. Comprenderás mejor la excepción de la regla anterior en las palabras que empiezan por **hue**-; fíjate que en realidad se escriben sin **H** cuando empiezan por **o-**, porque en latín ya se escribían sin **H**.

huésped [hospite (m)] ....

huérfano [orphanu (m)] ....

huevo [ovu (m)] huevero, huevecillo, oval, ovario, óvulo, ovulación, ...

huerto [hortu (m)] huerta, hortelano, horticultura, hortaliza

Huelva (Onuba) onubense ....

Huesca (Osca) oscense ....

hueso [ossu (m)] ....

oler (olere) conjuga el presente de indicativo: huelo, hueles, huele, olemos, oléis, huelen. ....

hueco (vacuum + occare = ahuecar) oquedad. ....

Regla 4ª

> Muchas palabras llevan **H** intercalada porque en su composición existe alguna palabra que se escribe con **H**: *hacer, rehacer, deshacer.*

61. Recurriendo a los prefijos latinos **in-** (en), **ex-**, **des-**, **a-**, **re-**, forma nuevas palabras partiendo de las siguientes:

horca.................... ahorcar............................

humo .... ahumar............................

hora .... a deshora, ahora, ...

....

hierba..

humus.................... inhumar............................

hijo.................... ahijado............................

hombre .... humano............................

habitar................. deshabitar ....

hielo.................... deshelar ....

Regla 5ª

Hay una serie de palabras problemáticas por tener una forma parecida: **hay** (forma impersonal del verbo haber), **ahí** (adverbio de lugar), ¡**ay**! (interjección), **he** (del verbo haber, o adverbio), **e** (conjunción), etc.

62. En las siguientes frases faltan algunas de estas palabras: *ha, a, ¡ay!, hay, ahí, he, e,*... Rellena los espacios punteados.

¡Cuánta gente inútil .... ahí

Aquí no .... fruta; está ....

Se.... caído en el hoyo.

.... ido .... saltar, pero no me .... dejado.

.... demasiados alumnos ....; diles que vayan .... otra aula.

¡No .... derecho! No le pasa nada; pero está todo el día en un ....

Se dice, ... aquí, si lo señalado está cerca del hablante; .... si está un poco más lejos.

.... visitado España .... Italia.

Recuerda:

Se escriben con *hache (h-)* las formas verbales *ha* y *he* cuando van seguidas de un *participio* (*terminado, venido, dicho, ido*); del adverbio *aquí, ahí* (*he aquí*); o de la preposición *de* más infinitivo (*he de ir, ha de estudiar*).

A no lleva *hache* (h) cuando es preposición (*voy a pasear, ha* (*han ido a saltar*). No admite el plural como *ha-han*.

Se escriben con H muchas interjecciones: *¡ah!, ¡eh!, ¡oh!, ¡hola!, ¡bah!, ¡hala!, ¡huy!, ¡hurra!* Se escriben sin H: *¡aupa!, ¡ay!, ¡ojalá!, ¡ole!, ¡olé!*

---

63. Escribe alguna frase con algunas de las interjecciones anteriores. Recuerda que van entre signos de admiración (¡ !).

....

....

....

....

64. Escribe una frase con cada una de las dos palabras de las siguientes parejas **homófonas** (igual sonido).

ablando (ablandar) .... hablando (hablar).

....

desojar (mirar con fijeza) .... deshojar (quitar hojas).

....

echo (echar) .... hecho (hacer).

....

desechar (excluir, desestimar) ... deshacer (descomponer).

....

ola (onda del mar) .... hola (interjección).

....

azar (suerte) .... azahar (flor).

....

abría (abrir) .... habría (haber).

....

uso (utilización) .... huso (para hilar).

....

ojear (mirar) .... hojear (pasar hojas).

....

onda (del mar) .... honda (profunda; de pastor).

....

desecho (desperdicio) .... deshecho (deshacer).

....

errar (equivocarse, ... vagar) herrar (poner herraduras).

....

yerro (error) .... hierro (metal).

....

atajo (camino más corto) .... hatajo (rebaño).

....

asta (cuerno, mástil) .... hasta (preposición).

....

ora (conjunción, verbo orar) .... hora (parte del día).

....

LA **G**

65. Rellena los espacios con **g**, **gu**, **gü** o **j**:

ori...en	...i...ante	...itano
ami...o	a...uante	...irafa
ci......eña	...isar	anti...uo
...asto	co...er	te...er
anti......edad	reli...ión	si...iente
al...ibe	li...ero	...ota

Fijándote bien en el ejercicio anterior, recuerda que la letra **G** puede representar a dos fonemas:

> — al fonema /*g*/, que se escribe con una **G** ante a, o, u; o con **Gü** (donde la **U** no se pronuncia) ante, e, i: *gato*, *gota*, *gusto*, *guerra*, *guitarra*.
> Cuando la u, que va ante e, i; deba pronunciarse, se pone diéresis sobre la u: *cigüeña*, *pingüino*.
> — al fonema /*j*/, que se escribe con **G** ante e, i: *geranio*, *gitano*. Este fonema /*j*/ también se escribe con la letra **J** ante cualquier vocal (a, e, i, o, u).
> La falta de ortografía con las letras **G-J** sólo puede surgir ante e, i: *tejer*, *coger*, *jirafa*, *gitano*.

Regla 1ª

> Se escribe **G** (nunca **J**) en posición final de sílaba: *signo* (sig-no), *dignidad* (dig-nidad), *ignorancia* (ig-norancia) *magnífico* (mag-nífico), *impregnar* (impreg-nar).

Regla 2ª

> Se escriben con **G** las palabras que empiezan con el prefijo griego **geo-** (tierra): *geología, geografía.* A veces aparece como sufijo: *hipogeo* (capilla o edificio subterráneo).

Regla 3ª

> Se escriben con **G** los nombres terminados en **-gen:** *margen, origen.*

66. Rellena los espacios en blanco de las siguientes frases:

• Se presentó de incó...nito, pero fue bien recibido.

• No pude reco...er el paquete en consi...na.

• No aprobé ...eografía, pero sí ...eología.

• Los mar...inados son aquellos que quedan olvidados, al mar...en de la ley.

• El ori...en de la pugna fue una ima...en que apareció en televisión.

Regla 4ª

> Se escriben con **G** (ante, **e, i**) todos los verbos acabados en **-ger**, **-gir**, **-igerar**: *proteger, surgir, aligerar.* En los casos en que puede aparecer **G** o **J** (es decir, ante **e, i**) al conjugar estos verbos, se mantiene la letra que aparece en el infinitivo (la **G**): *cojo, coges, coge.*
>
> Se exceptúan los verbos *tejer* y *crujir.*

67. Conjuga el presente de indicativo y el pretérito indefinido de los siguientes verbos:

elegir: elijo, eliges, elige, elegimos, elegís, eligen.

elegí, elegiste, eligió, elegimos, elegisteis, eligieron.

corregir: ....

....

regir: ....

....

surgir: ....

....

aligerar: ....

....

tejer: tejo, tejes, teje, tejemos, tejéis, tejen.

tejí, tejiste, tejió, tejimos, tejisteis, tejieron.

crujir: ....

....

coger: (y sus compuestos se conjugan igual: *encoger, recoger, acoger, escoger...*), cojo, coges, coge, cogemos, cogéis, cogen; cogí, cogiste, cogió, cogimos, cogisteis, cogieron.

proteger: ....

....

fingir: ....

....

afligir; ....

....

Regla 5ª

Se escriben con **G** las palabras que terminan en:

-gélico (*angélico*)   -gesimal (*sexagesimal*)

-genario (*octogenario*)   -gésimo (*vigésimo*)
-géneo (*homogéneo*)   -gético (*apologético*)
-génico (*fotogénico*)   -genio (*Eugenio*)
-génito (*primogénito*)

Regla 6ª

Se escriben con **G** las palabras terminadas en:

-giénico (*higiénico*)   -ginal (*marginal*)
-gíneo (*virgíneo*)   -ginoso (*ferruginoso*)
-gismo (*neologismo*)   -gia (*magia*), excepto
 Excepto *espejismo,*   *lejía, bujía, herejía*
 salvajismo
-gio (*litigio*)   -gión (*religión*)
-gional (*regional*)   -gionario (*legionario*)
-gioso (*prodigioso*)   -gírico (*panegírico*)

Regla 7ª

Se escriben con **G** las palabras terminadas en:

-ígena (*indígena*)   -ígeno (*oxígeno*)
-ígera (*flamígera*)   -ígero (*flamígero*)

68. Redacta frases en las que aparezcan las siguientes palabras. Si dudas de su significado, recurre al diccionario.

congénito: ....

heterogéneo: ....

ingenio: ....

sexagenario: ....

neologismo: palabra nueva en una lengua

salvajismo: ....

original: ....

contagioso: ....

legión: ....

magia: ....

bujía: ....

demagogia: ....

lejía: ....

estrategia: ....

panegírico: elogio oratorio de alguna persona.

trigésimo: ....

fotogénico: ....

primogénito: ....

Regla 8ª

> Se escriben con **G** las palabras que empiezan por **gest-** (*gesticular*), **gene-** (*general*), **geni-** (*genital*).

69. Rellena los espacios en blanco. Recurre al diccionario si lo crees oportuno; conocer el significado de las palabras refuerza la capacidad ortográfica.

...enealogía	...esta	...enialidad
...estionar	...enerador	...enerar
di...estión	con...estión	...eneroso
...esto	...estión	...estoría
...énero	...enética	
...estación	...esticular	...énesis
...eneral	...enial	...enio

LA J

70. Rellena los espacios en blanco con **j** o **g**.

a...eno	lina...e	co...er
a...encia	gara...e	...irar
ca...ero	co...o	tra...edia
li...ero	relo...ería	here...e
co...ear	congo...a	corre...imos
di...imos	traba...o	conser...e

Como has podido comprobar en el ejercicio anterior, la letra **J**, que sirve para representar al fonema /j/, puede aparecer ante cualquier vocal: *jabón, jota, juguete, jefe, jirafa*; pero ante las vocales **e**, **i** también podemos encontrar la letra **G** para representar a este fonema: *género, gitano*.

Como hecho curioso recordarás que en unas pocas palabras la **X** se pronuncia con **J**: *México, Texas*.

Regla 1ª

Se escriben con **J** los tiempos de los verbos cuyo infinitivo lleva esta letra: *trabajar → trabajé, trabajaste...*

Regla 2ª

Se escriben con **J** los verbos terminados en -**jear** y sus formas verbales: *ojear, hojear, canjear, cojear*, y otros muchos formados sobre nombres o adjetivos: *calle-jear, floj-o-ear*,...

Regla 3ª

> Se escriben con **J** las formas verbales con sílabas **je**, **ji**, cuando en sus infinitivos no aparece ni **G** ni **J**; *traer* → *traje, trajiste, trajera*; *decir* → *dije, dijiste, dijera*.

Regla 4ª

> Se escriben con **J** los nombres terminados en:
>
> **-aje**: *garaje, salvaje, paisaje* (excepto ambages —rodeos—)
> **-eje**: *hereje*
> **-jería**: *relojería*

Regla 5ª

> Se escriben con **J** las palabras que comienzan por:
>
> **aje-**: *ajedrez, ajeno* (excepto *agenda, agencia, agente*)
> **eje-**: *ejército, ejemplo, ejecutar.*

71. Escribe el pretérito indefinido (pretérito perfecto simple) de los siguientes verbos:

canjear: ....

dibujar: ....

bajar: bajé, bajaste, bajó ....

callejear: ....

flojear: ....

forcejear: ....

aconsejar: .... aconsejamos, aconsejasteis, aconsejaron.

trajear: ....

72. Rellena los espacios en blanco.

pupila...e	gara...e	persona...e
aprendiza...e	cerra...ería	lina...e
herra...e	conser...ería	cora...e
para...e	hospeda...e	mensa...e
de...e	via...e	mena...e
pa...e	olea...e	salva...e

73. Al estudiar la **V** dijimos que si un verbo es irregular en el pretérito indefinido (*estuve*), presenta la misma irregularidad en el pretérito imperfecto de subjuntivo (*estuviera*). Tenlo en cuenta al hacer este ejercicio:

traer: traje, trajiste, trajo, trajimos,

trajera/se, trajeras/ses, trajera/se, trajéramos

distraer:..

....

decir: dije, dijiste, dijo, dijimos ....

dijera...................... ....

contradecir: ....

....

predecir: ....

....

traducir: ....

....

deducir: ....

....

conducir: conduje, condujiste, condujo, condujimos,

condujisteis ....

condujera................... ....

desdecir: ....

....

surgir:　　　surgí, surgiste, surgió, surgimos

surgiera/se, surgieras/ses,..........................

contraer: ....

....

coger: ....

....

Ejercicios de repaso

Completa las palabras mutiladas con las letras **b, v, g, j, h.**

I. Charlie entró en la tienda y depositó la ...úmeda moneda de cincuenta peniques so...re el mostrador.

—Una Delicia de Chocolate y Caramelo Batido de Wonka —di...o, recordando cuánto le ...abía ...ustado la que reci...iera por sus cumple-años.

El ...om...re que esta...a detrás del mostrador parecía ro...usto y ...ien alimentado. Tenía ...ruesos la...ios y redondas me...illas y un cuello muy gordo. La ...rasa de su papada re...osa...a el cuello de su camisa como un anillo de ...oma. Se ...ol...ió y alar...ó el ...razo para co...er la chocolatina, lue...o se ...ol...ió otra ...ez y se la entre...ó a Charlie. Charlie se la arre...ató de las manos y rápidamente des...arró el en...oltorio y le dio un enorme mordisco. Lue...o le dio otro... y otro... y, ¡qué ale...ría de poder lle...arse a la ...oca ...randes trozos de al...o dulce y sólido! ¡Qué mar...illoso placer poder llenarse la ...oca de exquisita y sustanciosa comida!

* * *

I. Charlie entró en la tienda y depositó la húmeda moneda de cincuenta peniques sobre el mostrador.

—Una Delicia de Chocolate y Caramelo Batido de Wonka —dijo, recordando cuánto le había gustado la que recibiera por su cumpleaños.

El hombre que estaba detrás del mostrador parecía robusto y bien alimentado. Tenía gruesos labios y redondas mejillas y un cuello muy gordo. La grasa de su papada rebosaba el cuello de su camisa como un anillo de goma. Se volvió y alargó el brazo para coger la chocolatina, luego se volvió otra vez y se la entregó a Charlie. Charlie se la arrebató de las manos y rápidamente desgarró el envoltorio y le dio un enorme mordisco. Luego le dio otro... y otro... y, ¡qué alegría de poder llevarse a la boca grandes trozos de algo dulce y sólido! ¡Qué maravilloso placer poder llenarse la boca de exquisita y sustanciosa comida!

ROALD DAHL: *Charlie y la fábrica de chocolate,*
Alfaguara, 1978.

II.   —Me parece a mí que necesita...as eso, ...ijo —di...o ama...lemente el tendero.

Charlie afirmó con la ca...eza, la ...oca llena de chocolate. El tendero puso el cam...io so...re el mostrador.

—Calma —di...o—. Puede ...enirte un dolor de estóma...o si te lo tra...as así, sin masticar.

Charlie si...uió de...orando la chocolatina. No podía detenerse. Y en menos de medio minuto la ...olosina entera ...abía desaparecido. Charlie esta...a sin aliento, pero se sentía mara...illosa, extraordinariamente feliz. Alar...ó una mano para co...er el cam...io. Entonces ...izo una pausa. Sus o...os esta...an ...ustamente a ras del mostrador. Mira...an fi...amente las monedas de plata [...].

—Creo —di...o en ...oz ...aja—, creo que... me comeré otra chocolatina. De la misma clase que la anterior, por fa...or [...].

Charlie la reco...ió y ras...ó el en...oltorio... Y de pronto... de...ajo del papel... ...io un ...rillante destello de oro.

* * *

II. Me parece a mí que necesitabas eso, hijo —dijo amablemente el tendero.

Charlie afirmó con la cabeza, la boca llena de chocolate. El tendero puso el cambio sobre el mostrador.

—Calma —dijo—. Puede venirte un dolor de estómago si te lo tragas así, sin masticar.

Charlie siguió devorando la chocolatina. No podía detenerse. Y en menos de medio minuto la golosina entera había desaparecido. Charlie estaba sin aliento, pero se sentía maravillosa, extraordinariamente feliz. Alargó una mano para coger el cambio. Entonces hizo una pausa. Sus ojos estaban justamente a ras del mostrador. Miraban fijamente las monedas de plata [...].

—Creo —dijo en voz baja—, creo que... me comeré otra chocolatina. De la misma clase que la anterior por favor [...].

Charlie la recogió y rasgó el envoltorio... Y de pronto... debajo del papel... vio un brillante destello de oro.

ROALD DAHL: *Charlie y la fábrica de chocolate*, Alfaguara, 1978.

III. La re...elación del ensueño le descu...rió que esta...a retardando, con la con...ocatoria de otras pesadillas, el momento de enfrentarse a la realidad. "Estoy perdido", di...o sin énfasis, como si confirmase un ...echo a...eno a sus más remotas inquietudes. Ense...uida, espoleado por el temor a la co...ardía, salió a la puerta y miró la sala en penum...ra. So...re el or...anillo se amontona...a su indumentaria de impostor, y en un sillón ...abía una ca...a de zapatos y seis li...ros i...uales, a...andonados a un orden de naipes perdedores. ...unto a la ...entana, en una silla que ...uarda...a la ausencia de su dueña, distin...uió la ca...a de los ...ilos y las a...u...as de te...er. Las cosas de siempre parecían en...ueltas en una aire ...ostil de no...edad. Incluso el casca...el del perro, que ...a...amente sonó al fondo del pasillo, tenía la ...oluntad y el tono de querer expresar un concepto.

Sólo cuando ad...irtió que ...asta los ...á...itos más pacíficos ...abían perdido fluidez y le exi...ían una atención artesanal, cayó en la cuenta de que esta...a sucum...iendo al pánico.

* * *

III. La revelación del ensueño le descubrió que estaba retardando, con la convocatoria de otras pesadilla, el momento de enfrentarse a la realidad. "Estoy perdido", dijo sin énfasis, como si confirmase un hecho ajeno a sus más remotas inquietudes. Enseguida, espoleado por el temor a la cobardía, salió a la puerta y miró la sala en penumbra. Sobre el organillo se amontonaba su indumentaria de impostor, y en un sillón, había una caja de zapatos y seis libros iguales, abandonados a un orden de naipes perdedores. Junto a la ventana, en una silla que guardaba la ausencia de su dueña, distinguió la caja de los hilos y las agujas de tejer. Las cosas de siempre parecían envueltas en un aire hostil de novedad. Incluso el cascabel del perro, que vagamente sonó al fondo del pasillo, tenía la voluntad y el tono de querer expresar un concepto.

Sólo cuando advirtió que hasta los hábitos más pacíficos habían perdido fluidez y le exigían una atención artesanal, cayó en la cuenta de que estaba sucumbiendo al pánico.

Luis Landero: *Juegos de la edad tardía*,
Tusquets Editores, 1989.

IV. Pera ...asta esto le pareció irreal. Se arrancó la ser...illeta del pecho, la do...ló en trián...ulos exactos, se restañó los la...ios y la de...ol...ió al ca...ón [...]. Lue...o salió al pasillo, repitió la expresión ...ajo el dintel de la última puerta y, antes de cerrarla, se recordó: "Ya sa...es, tú eres Gre...orio Olías y no sa...es dónde está Faroni. No sa...es nada y tienes prisa, ni una pala...ra más ni una menos".

Afuera, todo esta...a en orden y en silencio. Era una casa anti...ua, que quizás en otra época ...abía ...ozado de cierto esplendor, aunque no tanto como para prolon...ar el presti...io en la decadencia. Todo era ...iejo, sucio, cru...iente y tene...roso incluso desde los tiempos ya le...anos en que Gre...orio cursó allí su último año de estudiante, cuando ...abía en el primer piso una academia nocturna y él lle...a...a al anochecer fumando en el secreto de la mano y su...ía la escalera con un ...alanceo desdeñoso, aprendido en las películas de cine ne...ro que ponían en el ...arrio.

* * *

IV. Pero hasta esto le pareció irreal. Se arrancó la servilleta del pecho, la dobló en triángulos exactos, se restañó los labios y la devolvió al cajón [...]. Luego salió al pasillo, repitió la expresión bajo el dintel de la última puerta y, antes de cerrarla, se recordó: "Ya sabes, tú eres Gregorio Olías y no sabes dónde está Faroni. No sabes nada y tienes prisa, ni una palabra más ni una menos".

Afuera, todo estaba en orden y en silencio. Era una casa antigua, que quizás en otra época había gozado de cierto esplendor, aunque no tanto como para prolongar el prestigio en la decadencia. Todo era viejo, sucio, crujiente y tenebroso incluso desde los tiempos ya lejanos en que Gregorio cursó allí su último año de estudiante, cuando había en el primer piso una academia nocturna y él llegaba al anochecer fumando en el secreto de la mano y subía la escalera con un balanceo desdeñoso, aprendido en las películas de cine negro que ponían en el barrio.

LUIS LANDERO: *Juegos de la edad tardía*,
Tusquets Editores, 1989.

LOS SIGNOS DE PUNTUACIÓN

Los signos de puntuación son necesarios en la escritura, sin ellos puede ser dudoso o ambiguo el significado de muchas frases; y, además, la lectura sería mucho más lenta y torpe porque la función de los signos de puntuación es marcarnos las pausas parciales o totales, cambios de entonación o matices especiales de las palabras o frases.

Si prescindimos de todos los signos de puntuación, parecería que estamos hablando sin cambios de entonación y sin pausas. Hay signos sujetos a reglas o normas bastante fijas: *signos de interrogación y de admiración, los dos puntos*...; pero otros muchos se utilizan dejando un margen amplio a la subjetividad expresiva del escritor; así ocurre principalmente con *la coma, el punto y coma, o el punto y seguido.*

Como prueba inicial, te ofrezco el siguiente texto de *Flor de santidad,* de Valle Inclán, para que percibas la necesidad de los signos de puntuación. Lo escribo todo seguido.

Los ojos del peregrino estaban atentos a la pastora y a la oveja hallábase detenido en medio del atrio apoyado en el lustroso bordón descubierta la cabeza polvorienta y greñuda Adela seguía repitiendo por veces quieta *Hurtada* el mendicante preguntó con algún recelo oye rapaza por ventura no era tuya la res mía no es ninguna son todas del amo señor no sabe que yo soy la pastora y bajó los ojos acariciando el hocico de la oveja que alargaba la lengua y le lamía las manos después para ordeñarla se arrodilló sobre la yerba el añoto retozaba junto al ijar de la madre y la pastora le requería blandamente.

* * *

Los ojos del peregrino estaban atentos a la pastora y a la oveja. Hallábase detenido en medio del atrio, apoyado en el lustroso bordón, descubierta la cabeza polvorienta y greñuda. Adela seguía repitiendo por veces:
—¡Quieta, *Hurtada*!
El mendicante preguntó con algún recelo:
—Oye, rapaza, ¿por ventura no era tuya la res?
—¡Mía no es ninguna!... Son todas del amo, señor.
¿No sabe que yo soy la pastora?
Y bajó los ojos acariciando el hocico de la oveja, que alargaba la lengua y le lamía las manos. Después, para ordeñarla, se arrodilló sobre la yerba. El añoto retozaba junto al ijar de la madre, y la pastora le requería blandamente:

VALLE INCLÁN: *Flor de santidad*

EL PUNTO (.)

"Se pone punto cuando el período forma sentido completo [...]. Es la mayor pausa sintáctica que la ortografía señala. En la lectura, la duración de la pausa indicada por el punto puede variar más o menos, según el sentido y la interpretación del lector; pero en todo caso, es mayor que la que señala la coma y el punto y coma.

En la escritura, se le llama *punto y seguido* (o *punto seguido*), cuando el texto continúa inmediatamente después del punto en el mismo renglón, o en el siguiente sin blanco inicial; y *punto y aparte* (o *punto aparte*), cuando termina el párrafo, y el texto continúa en otro renglón más entrado o más saliente que los demás de la plana. Por último, *punto final* es el que acaba un escrito o una división importante del texto (parte, capítulo, etc.)." (Del *Esbozo de una nueva Gramática de la Lengua Española.*)

Regla 1ª

Utilizamos el PUNTO Y SEGUIDO cuando escribimos varias oraciones con sentido completo relacionadas entre sí. Recuerda que después del punto se escribe mayúscula.

74. Coloca según tu criterio los *puntos y seguidos* y las *comas* en el siguiente fragmento de *Flor de santidad* de Valle Inclán.

La ventera y la zagala bajan del monte llevando el ganado por delante las dos mujeres caminan juntas con los manteles doblados sobre la cabeza como si fuesen a una romería dora los campos la mañana y el camino fragante con sus setos verdes y goteantes se despierta bajo el campanilleo de las esquilas y pasan apretándose las ovejas el camino es húmedo tortuoso y rústico como viejo camino de sementeras y de vendimias.

Regla 2ª

Cuando cambiamos de asunto o tratamos un nuevo aspecto del mismo tema, utilizamos el PUNTO Y APARTE (*punto aparte*) e iniciamos el nuevo párrafo con mayúscula con su correspondiente *sangría* (unos espacios en blanco más de margen):

—Don José Ortega decía que la caza se justifica en razón de su escasez, Barbas. ¿Qué le parece?

El Juan Gualberto mira al Cazador esquinadamente, casi torvamente:

—A saber con qué se come eso.

—Barbas, don José Ortega quería decir que si las perdices se nos metieran en casa por la ventana, no nos molestaríamos en cazarlas.

Los pardos ojos del Juan Gualberto se han vuelto escépticos:

—Ese don José —dice— ¿era por un casual una buena escopeta?

—Era una buena pluma.

—¡Bah!

MIGUEL DELIBES: *Viejas historias de Castilla la Vieja,*
Alianza Editorial

Regla 3ª

Se escribe PUNTO después de una abreviatura. La palabra siguiente no lleva mayúscula a no ser que lo requiera por su significado, y no exige pausa: *pral.* (*principal*). También se escribe PUNTO tras las iniciales de nombres o apellidos.

- SS. MM. los Reyes llegaron ayer de Portugal.
- José Luis L. (López) Aranguren dedicó el premio a sus alumnos.
- J. M. Reguero vive en el nº 18, 4º dcha.

Regla 4ª

> Se escribe PUNTO después de cada una de las iniciales que componen las siglas y, en los números escritos, detrás de las fracciones de hora (12.30) y de las unidades de mil y de millón; se exceptúan los números de años y de teléfono.

75. Completa las frases siguientes utilizando números cuando aparezca alguna cifra.

Mi amigo me debe 1.250 pesetas; pero yo le debo 500.

En China hay .... millones de habitantes.

Iré a tu casa a las .... de la mañana.

En 1936 estalló la guerra civil española.

El teléfono de María es el 824638

El año............................ fue la guerra de Cuba.

- Recuerda:

> El *Diccionario* de la R.A.E. define *la sigla* así: "Letra inicial que se emplea como abreviatura de una palabra". La sigla es, por tanto, la inicial, y el conjunto de siglas que forman un rótulo o una denominación: I.N.R.I., A.P.A., etc. Frente a la sigla se utiliza cada vez más el término *acrónimo* para referirse a la palabra formada con las primeras sílabas o con algunas de ellas de otras palabras: *láser, radar*. Algunos autores afirman que la

sigla conserva como característica su peculiar forma gráfica mayúscula; mientras que el acrónimo se convierte en una palabra más de la lengua con minúsculas, género, número, etc. Sin embargo, esta diferenciación entre sigla y acrónimo está repleta de excepciones y es más teórica que práctica. Hay siglas que por su uso frecuente dejan de escribirse con mayúsculas: *sida*, y siglas que son consideradas como acrónimos por otros autores: *Renfe, R.E.N.F.E., R E N F E, sin punto detrás de cada sigla.*

Para que no te extrañes te diré que la tendencia en la prensa escrita es no utilizar *PUNTO* después de cada sigla, y como hecho curioso te presento este fragmento del poema de Dámaso Alonso, "La invasión de las siglas".

USA, URSS.
USA, URSS, OAS, UNESCO:
ONU, ONU, ONU.
TWA, BEA, K.L.M., BOAC,
¡RENFE, RENFE, RENFE!
FULASA, CARASA, CULASA,
CAMPSA, CUMPSA, KIMPSA;
FETASA, FITUSA, CARUSA,
¡RENFE, RENFE, RENFE!
¡S.O.S., S.O.S., S.O.S.,
S.O.S., S.O.S., S.O.S.!
Vosotras erais suaves formas,
INRI, de procedencia venerable,
S. P. Q. R., de nuestra nobleza heredada.

Regla 5ª

El uso de EL PUNTO varía bastante según el tipo de texto y según los autores. En los textos jurídicos, por ejemplo, predomina el párrafo largo con abundancia de gerundios, conjunciones y pronombres relativos; en otros autores llama la atención el párrafo breve, entrecortado.

76. Como ejemplo perfecto de texto entrecortado, con párrafo corto, lee este fragmento de *Una hora de España* de Azorín. Esto reafirma la subjetividad que rodea al uso de algunos signos de puntuación.

El viejo inquisidor está sentado en su cámara. Tiene delante una mesa. Sobre la mesa se ve un montón de libros. Hay entre estos libros una Biblia en castellano, otro que se titula *Carta a Felipe II* y otro que lleva el título de *Imagen del Anticristo.* El viejo inquisidor vive en esta casa desde hace mucho tiempo. Se casó joven; amaba con pasión a su mujer. De su mujer tuvo un niño. Los dos adoraban al hijo. Les costó muchos trabajos el criarlo. La salud del niño era precaria. Todos los meses, un piquito de fiebre hacía brillar los ojos del niño. El niño pasaba en la cama seis u ocho días.

77. Compara con el anterior este fragmento de párrafo largo, lento y pausado.

La limitada llanura aparecía completamente ocupada por aquellas oníricas construcciones confeccionadas con maderas de embalaje de naranjas y latas de leche condensada, con láminas metálicas provenientes de envases de petróleo o de alquitrán, con onduladas uralitas recortadas irregularmente, con alguna que otra teja dispareja, con palos retorcidos llegados de bosques muy lejanos, con trozos de manta que empleó en su día el ejercito de ocupación, con ciertas piedras graníticas redondeadas, con refuerzo de cimientos que un glaciar cuaternario aportó a las morrenas gastadas de la estepa, con ladrillos de "gafa" uno a uno robados en la obra y traídos en el bolsillo de la gabardina, con adobes en que la frágil paja hace al barro lo que las barras de hierro al cemento hidráulico, con trozos de vasijas rotas en litúrgicas tabernas arruinadas, con redondeles de mimbre que antes fueron sombreros, con cabeceras de cama estilo imperio de las que se han desprendido ya el Rastro los latones, con fragmentos de la barrera de una plaza de toros pintados de color de herrumbre o sangre, con latas amarillas, escritas en negro, del queso de la ayuda americana, con piel humana y con sudor y lágrimas humanas congeladas.

LUIS MARTÍN SANTOS: *Tiempo de silencio*

LOS PUNTOS SUSPENSIVOS (...)

Regla 1ª

Los PUNTOS SUSPENSIVOS se utilizan para indicar que el sentido queda suspenso e incompleto. Sólo se deben escribir tres.

78. Lee el siguiente texto de *Tiempo de silencio*, de Luis Martín Santos. Es el inicio del interrogatorio hecho al sorprendido protagonista.

Pedro se volvió hacia él interrumpiendo la búsqueda de otras fuentes de simpatía ya que ésta, al parecer más decisiva, con tan especial abundancia sobre él se derramaba.

—Así que usted... (suposición capciosa y sorprendente).

—No. Yo no... (refutación indignada y sorprendida).

—Pero no querrá usted hacerme creer que... (hipótesis inverosímil y hasta absurda).

—No, pero yo... (reconocimiento consternado).

—Usted sabe perfectamente... (lógica, lógica, lógica).

—Yo no he... (simple negativa a todas luces insuficiente).

—Tiene que reconocer usted que... (lógica).

—Pero... (adversativa apenas si viable).

—Quiero que usted comprenda... (cálidamente humano).

—No.

—De todos modos es inútil que usted... (afirmación de superioridad basada en la experiencia personal de muchos casos).

—Pero... (apenas adversativa con escasa convicción).

—Claro que si usted se empeña... (posibilidad de recurrencia a otras vías abandonando el camino de la inteligencia y la amistosa comprensión).

—No, nada de eso... (negativa alarmada).

—Así que estamos de acuerdo... (superación del apenas aparente obstáculo).

—Bueno... (primer peligroso comienzo de reconocimiento).

—Perfectamente. Entonces usted... (triunfal).

—¿Yo?... (horror ante las deducciones imprevistas).

—¡¡Ya me estoy cansando!!

LUIS MARTÍN SANTOS: *Tiempo de silencio*

Regla 2ª

Se utilizan PUNTOS SUSPENSIVOS cuando se adivina o se conoce lo que sigue, y también para expresar temor, duda, etc.: *¡Qué puedo hacer...!*

79. Creo que es fácil de entender, no obstante, lee los siguientes ejemplos.

• A buen entendedor...

• Debo confesarte..., ayer..., cuando me encontré con tu hermano...

• Disparó cien cartuchos y trajo... dos perdices.

• Si de mí dependiera..., pero...

Regla 3ª

Se utilizan PUNTOS SUSPENSIVOS para evitar palabras consideradas malsonantes o, para indicar que alguien es interrumpido por su interlocutor:

(Luis)—Todos saben lo que pensamos...
(Pedro)—¡No voy a consentirlo!
Entonces Luis le gritó que era un...

Regla 4ª

Utilizamos los PUNTOS SUSPENSIVOS cuando, al copiar un texto, se hacen supresiones. Se indican estas supresiones incluyendo los PUNTOS SUSPENSIVOS entre corchetes [...].

Lee los ejercicios de repaso de las págs. 151 a 155.

Regla 5ª

En las enumeraciones incompletas se utilizan los PUNTOS SUSPENSIVOS, aunque a veces se emplea en su lugar la abreviatura *etc.*, precedida de coma: *Aceptamos cualquier regalo: libros, discos, licores, prendas de vestir...* (o, etc.)

SIGNOS DE INTERROGACIÓN Y DE ADMIRACIÓN (¿?)-(¡!)

Recuerda:

Oraciones interrogativas son aquellas que sirven para preguntar buscando una respuesta verbal del interlocutor. La interrogación (la pregunta) puede hacerse de dos formas: directa e indirectamente.

En la *interrogativa directa*, se pregunta directamente sobre el contenido global de la oración (*¿Ha venido Pedro?*, la respuesta siempre será sí o no) o sobre un determinado miembro oracional (*¿Dónde pongo el libro?, ¿Quién ha venido? ¿Qué quieres?*, introducidas por pronombres o adverbios interrogativos; la respuesta nunca será sí o no). Llevan los *signos de interrogación* al principio y al final de la pregunta.

En la *interrogativa indirecta*, la pregunta se introduce haciéndola depender de un verbo de "lengua" o "entendimiento" (*decir, preguntar, manifestar, saber...*), sin necesidad de los *signos de interrogación*.

Toda *interrogativa directa* se puede transformar en *interrogativa indirecta*, y viceversa: No sé si *ha venido Pedro*, dime *dónde pongo el libro*, no sé *quién ha venido*, explícame *qué quieres*.

Oraciones exclamativas son aquellas que expresan sentimientos primarios del hablante: sorpresa, ira, dolor admiración, alegría... (*¡El lunes no hay clase!*); por eso algunos autores prefieren la denominación de *signos de exclamación*, que abarca todos los matices primarios de la emotividad, a la de *signos de admiración*, que sólo se refiere a un aspecto (la admiración) de la afectividad.

En su forma más simple, la *oración exclamativa* se reduce a una interjección: *¡Ay!, ¡bah!*

Regla 1ª

Se utilizan los SIGNOS DE INTERROGACIÓN al principio y al final de las oraciones o frases interrogativas *directas*. Se utilizan los SIGNOS DE ADMIRACIÓN (*exclamación*) al principio y al final de las oraciones o frases *exclamativas*. Después de los signos de interrogación y de admiración puede escribirse cualquier otro signo de puntuación, excepto el punto que ya está expresado en el propio signo.

80. Transforma en interrogativas y exclamativas las oraciones siguientes. Lee en voz alta con la entonación adecuada.

Todos estamos aprobados ....

....

Ha convocado el examen para el martes ....

....

No llueve .... ¿No llueve? ¡No llueve!........................

....

Ha venido mi hermano ....

....

El libro no aparece ....

....

El profesor llegará tarde ....

....

No sabe qué hora es .... ¿No sabe qué hora es? .... ¡No sabe qué hora es! ....

Regla 2ª

Una frase puede ser interrogativa y exclamativa a la vez. En estos casos podrá ponerse el signo de admiración al principio y el de interrogación al final, o viceversa:

¡Pero es que no os vais a callar nunca?
Pero, ¿qué estás haciendo?
¡Me dejarás en paz de una vez?

Regla 3ª

Si las oraciones o frases interrogativas o exclamativas son breves y seguidas, no es necesario que empiecen con letra mayúscula, excepto la primera:

¡Todo se vino abajo!, ¡todo se acabó!, ¡nada se pudo salvar!
¡No!, ¡no iré!, ¿lo oyes?

Regla 4ª

El signo de principio de interrogación o de admiración se debe colocar donde empieza la pregunta o la exclamación, aunque no coincida con el inicio de la oración (en estos casos se escribe minúscula después del signo).

81. Escribe los signos de puntuación en las siguientes frases:

• Si no podías por qué no me pediste ayuda

• Y sin embargo se abatió la desgracia sobre la buena gente

• Después de conocer lo ocurrido qué hiciste

• Cuando vimos los resultados vaya desilusión

• Sinceramente Mario crees que eso es un viaje de novios

• Cuando regresaste de la guerra hijo no se me olvidará mientras viva

• El muchacho que vimos el otro día no te parece raro

• Lo has oído bien verdad

82. Escribe los signos de puntuación que faltan en el siguiente texto, te servirá de repaso de lo visto hasta ahora.

Y el bomboncito de la pensión Está enamorada Qué manera de venir a avisarle desmelenada histérica hembra embravecida No hay como las mujeres para las altas circunstancias Pedro Pedro Qué has hecho Pedro Por qué te persiguen Dime que no es verdad Pedro Dime que no puede ser (Observa cómo son frecuentes las excepciones a la Regla 3ª).

83. No te preocupes de los signos de puntuación, lee el breve poema de Juan Ramón Jiménez en el que predomina el matiz exclamativo.

> ¡No corras, ve despacio,
> que adonde tienes que ir es a ti solo!
> ¡Ve despacio, no corras,
> que el niño de tu yo, recien nacido
> eterno,
> no te puede seguir!

LA COMA (,)

Es el signo que representa la pausa más breve. Su uso es particularmente subjetivo. Existen algunas normas fijas sobre su uso; pero, al margen de ellas, su utilización depende del que escribe.

Regla 1ª

El vocativo siempre va separado del resto de la oración por COMA. Si es vocativo inicial, lleva coma a continuación, delante, si está al final; y si estuviese dentro de la frase, la lleva antes y después.

84. Escribe los signos de puntuación que faltan en las siguientes oraciones. Fíjate especialmente en los vocativos.

- Sabrás Gerardo que no estoy de acuerdo contigo.
- Escúchame Alberto.
- Oye tú.
- Cuándo volverá doctor
- Señores hoy hablaremos de la prensa.
- Hijo por qué cierras de esa manera
- Sal a la pizarra Víctor.

- Recuerda:

Un nombre o sintagma nominal desempeñan la función de vocativo cuando se utilizan para llamar la atención de la persona a la cual se dirige el mensaje; en la entonación va separado del resto de la frase por una pausa. Suele acompañar a los imperativos, en estos casos los alumnos lo confunden con el sujeto (oye, tú. *¿Quién oye?*... ¿Sujeto?, tú. Y no es cierto). Nunca se debe colocar una coma entre sujeto y verbo.

Regla 2ª

Se utiliza la COMA para separar palabras o partes sucesivas de una oración (adjetivos, nombres, adverbios...) con la misma función sintáctica, si forman una serie y no van unidas por las conjunciones *y, o, ni: El perro, el gato y la vaca son mamíferos.*

85. Practica la idea anterior en las siguientes frases.

• En la pescadería había bacalao bonito merluza y mejillones.

• Sus limpias calles sus cuidados jardines su cercanía al mar y su clima uniforme la convierten en una ciudad única.

• Mañana iré a tu casa recogeré los apuntes y te esperaré en la biblioteca.

Regla 3ª

Se usa la COMA para separar los diversos miembros de una frase independientes entre sí, lleven o no conjunción delante: *Todos hablaban, todos gesticulaban, y el ruido era ensordecedor.*

86. Pon las comas que faltan en las siguientes frases.

• Montamos en las bicicletas empezamos a subir el puerto pero pronto nos apeamos rendidos.

• Despegó el avión se elevó se introdujo en una nube y no volvimos a verlo.

• Llegamos examinamos el paraje elegimos un buen rincón y plantamos nuestra tienda.

• Recuerda:

Delante de la conjunción *y* no pude haber *coma* cuando esta conjunción relaciona elementos de la misma serie; pero aparece la *coma* cuando el nuevo elemento no es de la misma naturaleza que los anteriores.

Regla 4ª

Se utiliza la COMA cuando se interrumpe el relato momentáneamente para intercalar algún inciso explicativo: *El profesor, según comentan los compañeros, no pudo llegar a tiempo.*

Un caso muy utilizado de inciso explicativo se da en las proposiciones subordinadas adjetivas explicativas que siempre van entre comas: *Los alumnos, que son muy trabajadores, aprobarán todas las materias.*

87. Escribe las comas que faltan y subraya los incisos que aparecen en las siguientes frases.

• El policía, *oídas las dos partes*, rellenó la multa.

• Los niños gritando al jugar despertaron al abuelo.

• La verdad escribe el filósofo sólo es una.

• No por mucho madrugar como dice el refrán vas a tener más suerte.

• La guerra en el Golfo según los últimos informes es inevitable.

• El presente histórico también llamado de narración es muy usado.

• Recuerda:

Las proposiciones subordinadas adjetivas, también llamadas de relativo porque van introducidas por un pronombre relativo, pueden ser especificativas y explicativas.

— *especificativas*: aparecen sin comas y sin pausas, delimitan la extensión semántica del sustantivo antecedente al que sustituye y se refiere el pronombre relativo: *Los alumnos que vivían lejos llegaron tarde a clase* (sólo llegaron tarde los que vivían lejos).

> — *explicativas:* aparecen entre comas (pausas en la entonación), se limitan a añadir una nota explicativa del nombre antecedente, sin restringir ni delimitar su significado: *Los alumnos, que vivían lejos, llegaron tarde a clase* (todos llegaron tarde).

88. Lee en voz alta las siguientes oraciones y transforma las proposiciones subordinadas adjetivas especificativas en explicativas.

- Los soldados que fueron valientes asaltaron la fortaleza..

   ....

- Los pajarillos que estaban asustados dejaron de cantar.

   ....

- Los profesores que faltan a clase serán sancionados.

   sólo serán sancionados algunos, los que faltan a clase; *los profesores, que faltan a clase, serán sancionados*, todos faltan a clase, luego todos serán sancionados (explicativa).

- Van a asfaltar las calles que están mal pavimentadas.

   ....

- Recoge las manzanas que ya están maduras. ....

   ....

- Me alegro por los alumnos que se han molestado en venir. ....

Regla 5ª

En los casos de **aposición explicativa**, lo que va en aposición se escribe entre comas: *Felipe, el secretario, dio largas al asunto.*

• Recuerda:

La *aposición* es una función sintáctica desempeñada por un sustantivo o por un sintagma nominal que consiste en complementar o modificar a otro nombre, sin elemento de enlace, como si se tratase de un adjetivo.

La aposición puede ser:

—*especificativa*, si delimita semánticamente la extensión del sustantivo núcleo: mesa *camilla*, pez *espada*. No va entre comas ni entre pausas.

—*explicativa*, si se trata de una simple añadidura semántica, no necesaria para la comprensión del mensaje: Madrid, *capital de España*, tiene un clima agradable. Va siempre entre comas y entre pausas.

---

89. En cada una de las frases siguientes aparece una aposición, escribe las comas cuando corresponda y razona por qué se trata de uno u otro tipo de aposición.

• Se ha comprado un sillón *Renacimiento*.

• El profesor *Sánchez* sigue enfermo.

• Lisboa *capital* de Portugal está a orillas del Tajo.

• Juan es un niño *prodigio*.

• Vive en Madrid *capital*.

• Visitamos tan sólo Toledo *ciudad*.

• Ambos chicos *Juan* y *Pablo* estudian Derecho.

Regla 6ª

Se utiliza la COMA cuando se altera el orden sintáctico lógico de los elementos de la oración; si la alteración o hipérbaton es corto y muy perceptible, no se escribe COMA: *Cuando ya teníamos preparada la maleta, nos avisaron por teléfono.*

En la oración anterior el orden normal sería: *Nos avisaron por teléfono cuando ya teníamos preparada la maleta.*

El orden lógico en castellano, sujeto a muchas alteraciones, es el siguiente: Sujeto, verbo, atributo, complementos; proposición principal, proposición subordinada.

90. Pon las comas que faltan en las oraciones siguientes y analiza si se produce alguna alteración del orden lógico (que no quiere decir que sea el más correcto).

• Si lo que he oído es verdad entiendo tu actuación ....
....

• Al llegar a la orilla comprobaron su equivocación........
....

• Para ver esa película no había merecido la pena salir de casa. ....

• Donde las dan las toman. ....
....

Regla 7ª

Se utiliza la COMA para separar en un texto expresiones como *esto es, es decir, en fin, por último, sin embargo, no obstante* y otras semejantes que interrumpen el desarrollo del discurso.

Se utiliza la COMA para indicar la elipsis u omisión del verbo. Esto es muy frecuente en los refranes.

91. Escribe en las siguientes frases las comas que faltan y explica el motivo.

• No has llegado a tiempo por consiguiente no podrás optar al premio final.

- Vamos a ver por último la relación entre depresión y medio ambiente.

- No coge el teléfono y sin embargo estoy seguro de que está en casa.

- Perro ladrador poco mordedor.

- Pedro ha estado en Francia; Luis en Italia.

- El profesor ayer llegó tarde; hoy también.

- Año de nieves año de bienes.

- Mi hermano está en su habitación; mi hermana en la terraza.

Ejercicios de repaso

Escribe los signos de puntuación estudiados hasta aho-ra (punto, puntos suspensivos, signos de interrogación y de admiración, la coma) en los siguientes textos.

La mañana del 4 de octubre Gregorio Olías se levantó más tempra-no de lo habitual Había pasado una noche confusa y hacia el amanecer creyó soñar que un mensajero con antorcha se asomaba a la puerta para anunciarle que el día de la desgracia había llegado al fin: "Levánta-te pingüino que ya se oyen cerca los tambores" le dijo Miró el cuarto en penumbra y de inmediato derrotado por la ilusión de estar soñando la vigilia volvió a cerrar los ojos "Bah todavía es tarde para huir" contestó desde la duermevela y aunque por un momento se consideró a salvo enseguida adivinó que progresando en el absurdo acabaría encontrando en él las leyes lógicas que lo emparentaban con la realidad

* * *

La mañana del 4 de octubre, Gregorio Olías se levantó más tem-prano de lo habitual. Había pasado una noche confusa, y hacía el amanecer creyó soñar que un mensajero con antorcha se asomaba a la puerta para anunciarle que el día de la desgracia había llegado al fin: "¡Levántate, pingüino, que ya se oyen cerca los tambores!" le dijo. Miró el cuarto en penumbra y de inmediato, derrotado por la ilusión de estar soñando la vigilia, volvió a cerrar los ojos. "Bah, todavía es tarde para huir", contestó desde la duermevela, y aunque por un momento se consideró a salvo, enseguida adivinó que pro-gresando en el absurdo acabaría encontrando en él las leyes lógicas que lo emparentaban con la realidad.

Luis Landero: *Juegos de la edad tardía.*
Tusquets, 1989.

A veces me quedo absorto En pocos instantes en segundos soy capaz de recordar o imaginar cosas que si estuviesen ocurriendo de verdad necesitaría mucho tiempo para desarrollarse Quizá estoy recibiendo la lección de fray Bernardino miro sus labios moviéndose mientras declina me distraigo pasan por mi mente sucesos rostros lugares historias Peripecias que transcurren a lo largo de muchos días aventuras descomunales que ocuparían meses Pero comprendo que estoy distraído y recupero la atención puedo comprobar que apenas he perdido tres casos de la declinación que explica mi maestro O no pienso en nada la mirada se me pierde en el cielo o en los árboles o en un objeto pequeñísimo —una semilla un insecto— y se me hunde el pensamiento en esa modorra que va disolviendo el bulto y el color de lo que veo y los sonidos los olores hasta que todo se convierte en una sensación borrosa y me parece flotar en el agua cálida de algún río secreto

* * *

A veces me quedo absorto. En pocos instantes, en segundos, soy capaz de recordar o imaginar cosas que, si estuviesen ocurriendo de verdad, necesitarían mucho tiempo para desarrollarse.

Quizá estoy recibiendo la lección de fray Bernardino, miro sus labios moviéndose mientras declina, me distraigo, pasan por mi mente sucesos, rostros, lugares, historias. Peripecias que transcurren a lo largo de muchos días, aventuras descomunales que ocuparían meses. Pero cuando comprendo que estoy distraído y recupero la atención, puedo comprobar que apenas he perdido tres casos de la declinación que explica mi maestro.

O no pienso en nada, la mirada se me pierde en el cielo, o en los árboles, o en un objeto pequeñísimo —una semilla, un insecto— y se me hunde el pensamiento en esa modorra que va disolviendo el bulto y el color de lo que veo, los sonidos, los olores, hasta que todo se convierte en una sensación borrosa y me parece flotar en el agua cálida de algún río secreto.

JOSÉ MARÍA MERINO: *El oro de los sueños.*
Alfaguara, 1986.

EL PUNTO Y COMA (;)

Es una pausa de duración intermedia entre la del *punto* y la de la *coma*. Su uso es difícil. Se tiende a sustituirlo en muchos casos por el *punto* o por la *coma*.

Regla 1ª

Se utiliza PUNTO Y COMA para separar los miembros de una oración extensa con partes ya separadas por comas:

El público, acabada la representación, inició la salida; en vez de satisfacción, reflejaba cansancio; la obra...

92. Escribe coma o punto y coma donde corresponda en las siguientes frases:

• El libro tiene tres partes: primera exposición teórica segunda aplicaciones prácticas tercera dudas más frecuentes.

• Llegaron los celtas rubios y ágiles después los iberos morenos y recios a continuación los griegos hieráticos y serenos.

• Llevaba un pantalón negro remendado y sucio una camisa que parecía gris.

Regla 2ª

Se emplea PUNTO Y COMA delante de las conjunciones o locuciones adversativas *pero, mas, aunque,* etc., cuando la proposición precedente es extensa o contiene ya alguna coma: *Al llegar las vacaciones de marzo, saldremos hacia la nieve de nuevo; pero no puedo adelantar el estado de las pistas.*

Si la primera proposición es corta, bastará una simple coma antes de la conjunción: *Madrugas mucho, pero te acuestas pronto.*

93. Coloca las comas o los puntos y comas oportunos en las siguientes frases:

• Todo se vino abajo en menos de un minuto aunque bien pudo evitarse la ruina.

• Fui a buscar el libro a su casa pero no lo tenía.

• Se examinó tres veces pero no logró sacar el permiso de conducir.

• Dice que está recuperado sin embargo yo le noto cierta tristeza.

• Han prohibido el paso por esas callejas sin embargo algunos gamberros pasan con la moto por ellas.

• Las macetas eran grandes los setos mayores las enredaderas ascendían por la pared y la niña lo contemplaba todo extasiada ante aquel entorno su abuelo seguía la escena con delectación.

• No podemos seguir así vamos derechos al fracaso.

• Tiene una enfermedad que según parece es incurable.

• Han llegado los siguientes envíos: azúcar 50 Kg. garbanzos 65 Kg. aceite 10 cajas.

LOS DOS PUNTOS (:)

Después de los dos puntos se escribe indistintamente con mayúscula o minúscula; pero se prefiere la minúscula, excepto cuando tras los dos puntos aparece un nombre propio o una cita desde su principio.

Regla 1ª

Se emplean los DOS PUNTOS delante de una enumeración previamente anunciada, delante de una consecuencia, conclusión o resumen: *El agua se compone de dos elementos: hidrógeno y oxígeno.*

Regla 2ª

Se emplean los DOS PUNTOS después de una afirmación general para iniciar su aclaración o explicación: *Eso fue lo peor: no encontramos alojamiento y tuvimos que dormir en los bancos de la estación.*

Regla 3ª

Se emplean los DOS PUNTOS antes de copiar una cita textual. La cita debe comenzar con mayúscula y se escribe entre comillas: *Al cruzar el Rubicón, César exclamó: "La suerte está echada."*

Regla 4ª

Se emplean los DOS PUNTOS en los textos narrativos antes de iniciar el diálogo, si este va precedido por verbos como *responder, gritar, decir,* etc.: Le preguntó el conserje: —¿De dónde vienes?

Regla 5ª

Se emplean los DOS PUNTOS tras las fórmulas de salutación o de cortesía con que comienzan las cartas, instancias, discursos, documentos, etc.: *Querida Anita:... Señoras y señores: yo no sé...*

La frase siguiente a la fórmula de cortesía debe comenzar con mayúscula.

94. Escribe los dos puntos (tal vez pueda aparecer en algunos casos la coma o el punto y coma) en las siguientes frases:

• Es atentísimo y muy risueño no se le puede negar nada.

• Estoy pez no aprobaré.

• Estoy mosca se ríen de mí.

• Si no viene, sólo hay una solución marcharnos.

• Los puntos cardinales son cuatro norte, sur, este y oeste.

• Ya lo dijo el filósofo "El hombre es un lobo para el hombre".

• Pedro vocea a un campesino sentado a la puerta de su casa

—¿Qué, Paco, hay cama para tres?

LA RAYA (—)

Regla 1ª

> Se emplea la RAYA para distinguir el diálogo de la narración, señalando el comienzo y final de lo dicho por cada uno de los interlocutores:

—Pero esos no viven aquí —dijo la madre.
—Hace mucho tiempo —Confirmó Nieves—. Les destinaron a Sevilla. Imagínate... [...] Además, para aprovechar, porque, según sus primas, Sevilla no le gusta nada, nada.
—Con tantos hijos no andarán muy bien —dijo Paulino—. Sólo en colegios...

IGNACIO ALDECOA: "Fuera de juego", *Cuentos,* Alianza

Fíjate que también aparecen rayas al principio y al final de los incisos explicativos de los diálogos: —*dijo Paulino*—.

Regla 2ª

Se emplea la RAYA para separar incisos o interrupciones del discurso, en su lugar a veces puede aparecer el paréntesis o la coma:

En el andén esperaban a Luisito —tal vez nerviosos por las noticias— su padre y su hermano.

EL PARÉNTESIS ( )

Regla 1ª

Se usa el PARÉNTESIS cuando se interrumpe el discurso con una aclaración extensa que tenga poca conexión con el texto.

Regla 2ª

Van entre PARÉNTESIS los datos aclaratorios, fechas, referencias a autores y a sus obras, etc.: *La guerra civil española (1936-1939) provocó...*

95. Coloca la raya o el paréntesis donde corresponda en las siguientes frases:

• Mozart 1756-1791 a los seis años era un extraordinario pianista.

• María ya conoces sus manías se presentó con un zapato de cada color.

• Carmen íntima amiga de Luis fue novia de Pedro.

• Recuerda capítulo VIII que los mamíferos son...

- La ciudad de Mérida fundada por los romanos posee una gran cantidad de restos arqueológicos.
- Volveré pronto dijo al marcharse, no te inquietes.
- Miguel Delibes obtuvo en 1947 con *La sombra del ciprés es alargada* el premio *Nadal*.
- ¿De dónde vienes?   le preguntó el conserje.
- Le preguntó el conserje: ¿De dónde vienes?

La *raya* y el *paréntesis* (a veces la *coma*) tienen usos parecidos. La *coma*, para separar incisos que aportan claridad al relato; la *raya*, para comentar uno mismo lo expuesto; el *paréntesis*, para aclaraciones de tipo cultural, para descifrar una sigla, o para aquellos incisos claramente apartados del relato.

LAS COMILLAS (" ")

Las comillas dobles o inglesas (" ") se usan más que las simples (' '); y más que las francesas o angulares (« »); aunque estas últimas aparecen más en los libros de texto. Cuando dentro de un entrecomillado hay otro, este segundo se señala con comillas simples (' ').

Regla 1ª

Se emplean las COMILLAS para encerrar las citas textuales: *Ya lo dice el refrán: "Quien bien te quiere te hará llorar".*

Se emplean las COMILLAS para resaltar las palabras sobre las que se quiere llamar la atención:

— Por ser vulgarismos deliberadamente escritos (*se puso una "indición"*).

— Por ser palabras inventadas (*"sonllorar"*).

— Por ser palabras de otras lenguas, no castellaniza-
das (*el "boom" de la narrativa*).

— Por ser palabras utilizadas con sentido irónico (*ya
sabes lo "valiente" que es*).

Se suele emplear la *letra cursiva* en estas palabras.

Regla 2ª

Se suelen escribir entre COMILLAS los títulos de obras
literarias y artísticas y, a veces, los sobrenombres o apodos ("El Gran Capitán"), aunque está más extendido el
subrayado, que equivale a la letra cursiva en lo impreso:
He leído "El alcalde de Zalamea" (*El alcalde de Zalamea*).

EL GUIÓN (-)

Se diferencia de la raya (—) porque el trazado del guión
es más corto (-).

Regla 1ª

Se utiliza el GUIÓN cuando una palabra no cabe entera al final del renglón y debe continuar en la línea
siguiente. Las reglas sobre la división silábica de las
palabras al final del renglón están expuestas en la página
30 al hablar de la sílaba.

96. ¿Por dónde podrías dividir, en final de línea, las
siguientes palabras?

alguacil: al-guacil, algua-cil...; pero no: algu-acil ....

vosotros:...

ateneo: ....

inyección: ....

buey: ....

inacabado: ....

desembolso: ...des-embolso, de-sembolso, desem-bolso, desembol-so... ....

Regla 2ª

Se emplea el GUIÓN para unir dos adjetivos cuando
estos no forman un nuevo concepto con entidad propia o
cuando expresan contraste (*guerra franco-prusiana, conflicto palestino-israelí, tratado greco-turco, exposición teó-
rico-práctica*); si los adjetivos forman un concepto con
entidad propia, la palabra se escribe sin guión (*hispanoa-
mericano*).

Regla 3ª

Se emplea el GUIÓN para señalar períodos de tiempo, ya vayan escritos con palabras (*enero-junio*), ya con
cifras (1980-1985).

LA DIÉRESIS (¨)

Regla 1ª

Se escribe DIÉRESIS sobre la u de las sílabas *gue,
gui* para señalar que debe pronunciarse dicha vocal.

97. Escribe diéresis en las palabras que deben llevarla.

bilingue, agua, guadaña,..

ambiguo, antiguedad, averigué, ...

guerra, linguístico, pinguino, ...

desague, lengueta, fragua, ...

EL ASTERISCO (*)

Sirve para indicar el lugar del texto o la palabra a la que se refiere una nota aclaratoria que se da a pie de página. Pueden hacerse dos (**) o tres (***) llamadas con el asterisco; pero cuado en una página se dan más de dos o tres notas al pie de la misma, se indican por medio de números (notas) *volados* (^{1}), (^{2}), (^{3}), etc.

Ejercicios de repaso

Escribe los signos de puntuación en los siguientes textos.

I. Yo no tuve conciencia de que mi padre y yo estábamos en el mundo hasta después de haber entrado aquél en la cincuentena Se había casado maduro a los cuarenta y dos años y habiendo sido yo el tercero de ocho hermanos cuando le conocí él ya había cumplido los cuarenta y siete años Al alcanzar la edad del discernimiento supe que mi padre sabía nadar como un pez desde la infancia y que de joven había corrido carreras de biciclos en Salamanca y Valladolid En el aspecto deportivo salvo la caza la pesca de cangrejos y el paseo mi padre vivía de recuerdos procurando transmitir a su prole sus conocimientos de tal modo que nos gustase o no apenas cumplíamos seis años nos amarraba La bicicleta era regalo algo más tardío ocho o diez años Y la lección que nos dictaba más sucinta aún que la de la natación Pedalea y no mires a la rueda nos decía Y nos propinaba un empellón Al cabo de tres días con las rodillas laceradas ya corríamos solos por el Campo Grande

* * *

I. Yo no tuve conciencia de que mi padre y yo estábamos en el mundo hasta después de haber entrado aquél en la cincuentena. Se había casado maduro (a los cuarenta y dos años) y, habiendo sido yo el tercero de ocho hermanos, cuando le conocí él ya había cumplido los cuarenta y siete años. Al alcanzar la edad del discernimiento supe que mi padre sabía nadar como un pez desde la infancia y que de joven había corrido carreras de biciclos en Salamanca y Valladolid [...]. En el aspecto deportivo, salvo la caza, la pesca de cangrejos y el paseo, mi padre vivía de recuerdos, procurando transmitir a su prole sus conocimientos, de tal modo que, nos gustase o no, apenas cumplíamos seis años, nos amarraba [...]. La bicicleta era regalo algo más tardío: ocho o diez años. Y la lección que nos dictaba más sucinta aún que la de la natación. "Pedalea y no mires a la rueda", nos decía. Y nos propinaba un empellón. Al cabo de tres días, con las rodillas laceradas, ya corríamos solos por el Campo Grande.

MIGUEL DELIBES: *Mi vida al aire libre.*
Destino, 1989.

II. Salí de casa corriendo detrás de mi perro esperando como de costumbre que un suculento aroma a pipí o caca lo detuviera y me permitiera controlar la situación echar una ojeada al callejón para ver si venían coches en caso afirmativo dirigir una certera mirada al conductor para catalogarle en la especie asesina que acelera cuando ve a un chucho suelto o en la tierna condición de ciudadano amante de los bichos que aminora porque no podría vivir con la carga de una muerte de cuatro patas sobre su conciencia Me tranquilicé No había tráfico y al final de la callejuela se perfilaba una dama oronda nueva en el barrio con un caniche enano olisqueando a su alrededor Mi compañero y yo continuamos el itinerario de siempre y a medio camino nos encontramos La mujer llevaba en una mano la correa y con la otra sujetaba una cesta inmensa

He aprovechado para comprar más me explicó Cada vez que salgo aunque sea con el perro voy al supermercado y me hincho de acaparar arroz y azúcar Por si la guerra del Golfo

* * *

II. Salí de casa corriendo detrás de mi perro, esperando, como de costumbre, que un suculento aroma a pipí o caca lo detuviera y me permitiera controlar la situación: echar una ojeada al callejón para ver si venían coches; en caso afirmativo, dirigir una certera mirada al conductor, para catalogarle en la especie asesina que acelera cuando ve a un chucho suelto, o en la tierna condición de ciudadano amante de los bichos, que aminora porque no podría vivir con la carga de una muerte de cuatro patas sobre su conciencia. Me tranquilicé. No había tráfico, y, al final de la callejuela se perfilaba una dama oronda, nueva en el barrio, con un caniche enano olisqueando a su alrededor. Mi compañero y yo continuamos el itinerario de siempre, y a medio camino nos encontramos. La mujer llevaba en una mano la correa, y con la otra sujetaba una cesta inmensa.

—He aprovechado para comprar más —me explicó—. Cada vez que salgo, aunque sea con el perro, voy al supermercado y me hincho de acaparar arroz y azúcar. Por si la guerra del Golfo.

MARUJA TORRES: *El País*, 13-1-91

III. Muchos años después frente al pelotón de fusilamiento el coronel Aureliano Buendía había de recordar aquella tarde remota en que su padre lo llevó a conocer el hielo Macondo era entonces una aldea de veinte casas de barro y cañabrava construidas a la orilla de un río de aguas diáfanas que se precipitaban por un lecho de piedras pulidas blancas y enormes como huevos prehistóricos El mundo era tan reciente que muchas cosas carecían de nombre y para mencionarlas había que señalarlas con el dedo Todos los años por el mes de marzo una familia de gitanos desarrapados plantaba su carpa cerca de la aldea y con un grande alboroto de pitos y timbales daban a conocer los nuevos inventos Primero llevaron el imán Un gitano corpulento de barba montaraz y manos de gorrión que se presentó con el nombre de Melquíades hizo una truculenta demostración pública de lo que [...]. Las cosas tienen vida propia pregonaba el gitano con áspero acento todo es cuestión de despertarles el ánima José Arcadio Buendía cuya desaforada imaginación iba siempre más lejos que el ingenio de la naturaleza y aun más allá del milagro y la magia pensó que era posible servirse de aquella invención inútil para desentrañar el oro de la tierra

* * *

III. Muchos años después, frente al pelotón de fusilamiento, el coronel Aureliano Buendía había de recordar aquella tarde remota en que su padre lo llevó a conocer el hielo. Macondo era entonces una aldea de veinte casas de barro y cañabrava construidas a la orilla de un río de aguas diáfanas que se precipitaban por un lecho de piedras pulidas, blancas y enormes como huevos prehistóricos. El mundo era tan reciente, que muchas cosas carecían de nombre, y para mencionarlas había que señalarlas con el dedo. Todos los años, por el mes de marzo, una familia de gitanos desarrapados plantaba su carpa cerca de la aldea, y con un grande alboroto de pitos y timbales daban a conocer los nuevos inventos. Primero llevaron el imán. Un gitano corpulento, de barba montaraz y manos de gorrión, que se presentó con el nombre de Melquíades, hizo una truculenta demostración pública de lo que [...]. "Las cosas tienen vida propia —pregonaba el gitano con áspero acento—, todo es cuestión de despertarles el ánima". José Arcadio Buendía, cuya desaforada imaginación iba siempre más lejos que el ingenio de la naturaleza, y aun más allá del milagro y la magia, pensó que era posible servirse de aquella invención inútil para desentrañar el oro de la tierra.

GABRIEL GARCÍA MÁRQUEZ: *Cien años de soledad.*
Editorial Sudamericana, 1967.

IV. No es día Enrique dijo la madre Los domingos se han hecho para descansar y para la familia Tienes que despreocuparte

Es verdad papá dijo con viveza Nieves La hija mayor Dejaos de negocios y hablad de cosas más divertidas Paulino señaló con un leve ademán a su marido en cuanto tiene ocasión y tú le das pie Se pone imposible con el debe el haber y todo ese cuento chino de las ocasiones

Paulino se atusó el bigote entrecano y moro Estaba satisfecho él no perdía el tiempo él no estaba acostumbrado a perder el tiempo y para los negocios no había día de fiesta

A que no os podéis figurar a quién he visto en misa esta mañana preguntó la hija mayor y sin esperar la respuesta tanteada continuó A Carmencita Ortiz y Vidal una reminiscencia del colegio la casada con Miguel Sánchez el ingeniero No os acordáis Va a tener otra vez famila El séptimo

Pero esos no viven aquí dijo la madre

* * *

IV. —No es día, Enrique —dijo la madre—. Los domingos se han hecho para descansar y para la familia. Tienes que despreocuparte...

—Es verdad, papá —dijo con viveza Nieves, la hija mayor—. Dejaos de negocios y hablad de cosas más divertidas. Paulino —señaló con un leve ademán a su marido—, en cuanto tiene ocasión y tú le das pie... Se pone imposible con el debe, el haber y todo ese cuento chino de las ocasiones...

Paulino se atusó el bigote entrecano y moro. Estaba satisfecho: él no perdía el tiempo, él no estaba acostumbrado a perder el tiempo, y para los negocios no había día de fiesta.

—¿A que no os podéis figurar a quién he visto en misa esta mañana? —preguntó la hija mayor, y sin esperar la respuesta tanteada, continuó—: A Carmencita Ortiz y Vidal —una reminiscencia del colegio—, la casada con Miguel Sánchez, el ingeniero. ¿No os acordáis? Va a tener otra vez familia. ¡El séptimo!

—Pero esos no viven aquí —dijo la madre.

IGNACIO ALDECOA: "Fuera de juego", Cuentos,
Alianza.

V. Graciela dijo la niña con un vaso en la mano Querés limonada

Vestía una blusa blanca pantalones vaqueros sandalias Los cabellos negros largos aunque no demasiado sujetos en la nuca con una cinta amarilla La piel muy blanca Nueve años diez quizá

Ya te he dicho que no me llames Graciela

Por qué No es tu nombre

Claro que es mi nombre Pero prefiero que me digas mamá

Está bien pero no entiendo Vos no me decís hija sino Beatriz

Es otra cosa

Bueno querés limonada

Sí gracias

Graciela aparenta treinta y dos o treinta y cinco años y tal vez los tenga Lleva una pollera gris y una camisa roja Pelo castaño ojos grandes y expresivos Labios cálidos casi sin pintura Mientras hablaba con su hija se había quitado los anteojos pero ahora se los coloca de nuevo para seguir leyendo

* * *

V. —Graciela —dijo la niña, con un vaso en la mano—. ¿Querés limonada?

Vestía una blusa blanca, pantalones vaqueros, sandalias. Los cabellos negros, largos aunque no demasiado, sujetos en la nuca con una cinta amarilla. La piel muy blanca. Nueve años; diez, quizá.

—Ya te he dicho que no me llames Graciela.

—¿Por qué? ¿No es tu nombre?

—Claro que es mi nombre. Pero prefiero que me digas mamá.

—Está bien, pero no entiendo. Vos no me decís hija, sino Beatriz.

—Es otra cosa.

—Bueno. ¿querés limonada?

—Sí, gracias.

Graciela aparenta treinta y dos o treinta y cinco años, y tal vez los tenga. Lleva una pollera gris y una camisa roja. Pelo castaño, ojos grandes y expresivos. Labios cálidos, casi sin pintura. Mientras hablaba con su hija, se había quitado los anteojos, pero ahora se los coloca de nuevo para seguir leyendo.

MARIO BENEDETTI: *Primavera con una esquina rota,*
Alfaguara, 1982.

ABREVIATURAS MÁS FRECUENTES

admón	administración	E.P.D.	En paz descanse
afmo.	afectísimo	Emmo.	Eminentísimo
a. J. C.	antes de Jesucristo	etc.	etcétera
art.	artículo	Excmo.	Excelentísimo
ato. o atto.	atento	gral.	general
cap.	capítulo	Ha.	hectárea
c.c.	centímetro cúbico	ib., ibíd.	Ibídem, en el mismo lugar, al referirse a libros
c/c cta. cte.	cuenta corriente		
cfr.	compárese confróntese	íd.	ídem
Comp.		Ilmo.	Ilustrísimo
Cía.	Compañía	Kg.	kilogramo
D.	Don	Km.	kilómetro
Dª	Doña	J. C.	Jesucristo
dcha.	derecha	Lic. o Licdo.	Licenciado
D. m.	Dios mediante	m.	metro, minuto
doc.	documento	N. B.	Nota Bene-nótese bien
Dr.	Doctor	nº, núm.	número
dto.	descuento	ob., obpo.	obispo

O. M.	Orden Ministerial	S., Sn.	San
pág.	página	S.A.	Sociedad Anónima
pbro., presb.	presbítero	Sr.	Señor
P. D.	post data	Sra.	Señora
p. ej.	por ejemplo	Srta.	Señorita
pral.	principal	V., Vd., Ud.	usted
ptas.	pesetas	VV., Vds., Uds.	ustedes
Q.E.P.D.	que en paz descanse		
R.I.P.	descanse en paz (requiescat in pace)	v. gr., v. g.	verbigracia (verbi gratia= por ejemplo)

SIGLAS MÁS USUALES

A.F.E. Asociación de Futbolistas, Españoles.

A.F.P. Agence France Presse.

A.I. Amnistía Internacional.

A.P.A. Asociación de Padres de Alumnos

A.T.S. Ayudante Técnico Sanitario.

A.T.T. American Telephone and Telegraph.

B.B.C. British Broadcasting Corporation.

B.O. Boletín Oficial.

B.O.E. Boletín Oficial del Estado.

B.U.P. Bachillerato Unificado Polivalente.

C.A.M.P.S.A. (Campsa) Compañía Arrendataria del Monopolio de Petróleos, Sociedad Anónima.

C.A.S.A. Construcciones Aeronáuticas, Sociedad Anónima.

C.D. Cuerpo Diplomático.

C.E.E. Comunidad Económica Europea.

C.E.O.E. Confederación Española de Organizaciones Empresariales.

C.E.P.S.A. Compañía Española de Petróleos, Sociedad Anónima.

C.E.P.Y.M.E. Confederación Española de la Pequeña y Mediana Empresa.

C.F. Club de Fútbol.

C.I.A. Central Intelligence Agency.

C.O.I. Comite Olímpico Internacional.

C.O.P.E Cadena de Ondas Populares Españolas.

C.S.I.C. Consejo Superior de Investigaciones Científicas.

C.T.N.E. Compañía Telefónica Nacional de España.

D.N.I. Documento Nacional de Identidad.

EE. UU. Estados Unidos.

E.P. Europa Press (agencia española de noticias).

E.S.O. Enseñanza Secundaria Obligatoria

F.A.O. Food and Agriculture Organization (Organización para la Alimentación y la Agricultura).

F.I.B.A. Federación Internacional de Baloncesto Asociación.

F.I.F.A. Federación Internacional de Fútbol Asociación.

F.M. Frecuencia Modulada.

I.N.E.F. Instituto Nacional de Educación Física.

I.N.I. Instituto Nacional de Industria.

I.P.C. Índice de Precios al Consumo.

I.V.A. Impuesto sobre el Valor Añadido.

M.E.C. Ministerio de Educación y Ciencia.

M.I.R. Médico Interno Residente.

M.O.M.A. Museo de Arte Moderno de Nueva York.

M.O.P.U. Ministerio de Obras Públicas y Urbanismo.

N.B.A. National Basketball Association.

N.I.F. Número de Identificación Fiscal

O.C.D.E. Organización para la Cooperación y el Desarrollo Económico.

O.C.U. Organización de Consumidores y Usuarios.

O.L.P. Organización para la Liberación de Palestina.

O.M.S. Organización Mundial de la Salud.

O.N.C.E. Organización Nacional de Ciegos Españoles.

O.N.U. Organización de las Naciones Unidas.

O.P.E.P. Organización de Países Exportadores de Petróleo.

O.T.A.N. Organización del Tratado del Atlántico Norte.

P.V.P. Precio de Venta al Público.

R.A.C.E. Real Automóvil Club de España.

R.A.E. Real Academia Española.

R.E.N.F.E. (Renfe) Red Nacional de Ferrocarriles Españoles.

R.N.E. Radio Nacional de España.

S.G.A.E. Sociedad General de Autores de España.

S.I.D.A. (sida) Síndrome de Inmunodeficiencia Adquirida.

T.I.R. Transit International Routière (transporte internacional por carretera).

U.E.F.A. Unión Europea de Fútbol Asociación.

EXPRESIONES EN UNA O EN DOS PALABRAS

abajo
a bordo
acaso
{ acerca (sobre)
{ a cerca de (aproximadamente)
          (vive a cerca de una hora)
de aquí
a cuestas
{ adelante (seguir adelante)
{ delante (estar delante)
además
{ adentro
{ dentro
a deshora
{ a Dios (rogar)
{ adiós
{ adonde (con antecedente expreso)
{ a donde (sin antecedente expreso)
{ donde
adrede
afín (semejante, próximo)
afuera
ahora
a medias
alrededor (siempre en una sola
          palabra)

a menudo
anoche
anteanoche
anteayer
anteojo
apenas
a pesar de
a pie
aposta (se puede escribir separa-
          do, se prefiere unido)
{ aprisa (se prefiere la primera)
{ a prisa
a propósito
arriba
{ así mismo
{ asimismo (se prefiere la primera)
a tiempo
atrás
a través de
aunque
a veces
ante todo
besamano
bienaventurado
bienestar
bienvenida

{ como quiera
comoquiera (pueden utilizarse
    las dos)
conmigo
{ conque (por tanto, conj. conse-
    cutiva)
con que (preposición y pron.
    relativo)
consigo
contigo
contratiempo
cualquier (a)
cualesquier (a)
cumpleaños
debajo
de balde
de donde
de frente
de pie
de prisa
deprisa (ambas)
de pronto
de repente
de sobra
de veras
dieciséis al diecinueve
dondequiera
donde (él) quiera
encima
en balde
en cuanto
en donde
en efecto
en fin
enhorabuena
en medio
en pie
{ enseguida } (en una o en dos
en seguida } palabras)
en tanto
entretanto
en vano

guardabarros
guardabosque
guardaespaldas
malestar
malgastar
medianoche
mediodía
no obstante
paracaídas
por fin
por mayor
{ por qué
por que (ver pág. 43; ejercicio 12)
porque
porqué
por supuesto
por tanto
quehacer
{ quien quiera (verbo)
quienquiera
quienesquiera
salvoconducto
sanseacabó
santiamén
sin duda
sin embargo
sin fin
{ sino (adversativa o nombre)
si no (condicional)
{ sin vergüenza (prepos. y nombre)
sinvergüenza (nombre o adjetivo)
siquiera
{ también
tan bien
{ tampoco
tan poco
todavía
treinta y uno y siguientes
vaivén
veintiuno al veintinueve
viceversa
visto bueno

EXPRESIONES LATINAS

ab aeterno .... desde muy antiguo, desde la eternidad.
a divinis .... en las cosas divinas.
ab initio .... desde el principio.
ab intestato .... sin testamento.
ab ovo .... desde el principio, desde el huevo.
accésit .... segundo premio.
ad absurdum .... por reducción al absurdo.
ad calendas graecas aplazado indefinidamente, para un tiempo que nunca llegará.
ad hoc .... adecuado a esto, para un fin determinado.
ad hominem .... manera de argumentar con un contrario, recurriendo a lo que él ha dicho.
ad libitum .... a voluntad, a gusto, a elección.
ad peden litterae
ad litteram .... } al pie de la letra.
alea iacta est .... la suerte está echada.
alter ego .... otro yo.
a nativitate .... de nacimiento.
a posteriori .... para después, posteriormente.
a priori .... con anterioridad.
bis dat qui cito dat .. quien da pronto da dos veces.
carpe diem .... aprovecha el día presente.
casus belli .... motivo de declaración de guerra.
cogito, ergo sum ..... pienso, luego existo.
consummatum est .. todo se ha consumado, se ha acabado.

cuique suum .... a cada cual, a cada uno lo suyo.

cum quibus (cum-
quibus) .... con los cuales, recursos, medios, dinero.

curriculum vitae.... (la carrera de la vida) relación de méritos de alguien.

de auditu .... de oídas.

de facto .... de hecho.

deficit .... cantidad negativa, que falta.

dei gratia .... por la gracia de Dios.

de iure .... de derecho, por ley.

de motu proprio (mo-
tu proprio) .... por propia iniciativa.

deo volente .... Dios mediante, si Dios quiere.

de visu .... de vista, por haberlo visto.

divide et vinces ...... divide y vencerás.

dura lex, sed lex ..... la ley es dura, pero es la ley.

ecce homo .... he aquí al hombre, dicho de Cristo cuando es presentado al pueblo tras ser azotado.

ergo .... por tanto, luego.

ex abrupto .... bruscamente.

ex aequo .... en igualdad de condiciones.

ex cathedra .... desde la cátedra, con autoridad de maestro.

ex profeso .... de propósito.

grosso modo .... aproximadamente, es incorrecto "a grosso modo"

habeas corpus .... derecho del detenido a ser oído.

in albis .... en blanco.

in flagranti .... en el mismo momento de cometerse un delito, está muy extendido el uso incorrecto "in fraganti".

in medio virtus ...... la virtud está en el medio.

in puribus .... desnudo.

in situ .... en el sitio, en el momento.

inter nos .... entre nosotros.

in vino veritas .... en el vino (está) la verdad.

lapsus linguae .... equivocación al hablar (error de la lengua).

ipso facto .... inmediatamente, en el acto (por el hecho mismo).

manu militari .... por la fuerza, con rigor.

mare magnum .... confusión de asuntos.

mens sana in corpore
sano .... mente (alma) sana en cuerpo sano.

modus vivendi .... modo de vivir, de ganarse el pan.

mutatis mutandis ... cambiando lo que deba ser cambiado.

nemine discrepante sin que nadie discrepe, por unanimidad.

nihil obstat .... nada impide, nada se opone; es la fórmula utilizada por los censores eclesiásticos para autorizar la publicación de un libro.

opere citato............ "en la obra citada", abreviado *op. cit.*, se utiliza en las obras científicas para no repetir el título de una obra ya citada.

o tempora! o mores!.. ¡Oh tiempos!, ¡oh costumbres!; con esta frase Cicerón se lamentaba de la maldad de los hombres de su tiempo.

peccata minuta ...... faltas leves, cosas sin importancia.

per saecula saeculorum........................ por los siglos de los siglos.

per se .... por sí mismo.

plus ultra .... más allá.

primun vivere, deinde philosophare...... primero vivir; después filosofar.

primus inter pares .. el primero entre los iguales.

pro indiviso............ por dividir, por partir.

quid pro quo .... una cosa por otra.

quod scripsi, scripsi lo escrito, escrito está.

quousque tandem! . ¿hasta cuándo?

sine die .... sin fijar día.

sine qua non .... (condición) sin la cual no.

si vis pacem, para bellum.................... si quieres la paz, prepara la guerra.

sponte sua.............. por propio impulso y voluntad.

sub iudice .... pendiente de resolución.

sui generis.............. muy especial.

superavit................ exceso.

ultimatum .... último plazo.

urbi et orbi .... a la ciudad y al universo, (a todo el mundo).

ut supra .... como arriba.

vale...................... pásalo bien, que te vaya bien.

velis nolis .... quiera o no quieras.

veni, vidi, vici........ llegué, vi, vencí.

verba volant, scripta manent .... las palabras vuelan, lo escrito permanece.

verbi gratia............ por ejemplo.

vox populi .... del dominio público.

APÉNDICE I

PALABRAS ACENTUADAS Y PALABRAS INACENTUADAS DEL CASTELLANO

— *Palabras portadoras de sílabas acentuadas:*

- — El sustantivo.
- — El adjetivo.
- — El pronombre tónico: <u>yo</u>, <u>nosotros</u>, <u>tú</u>, <u>vosotros</u>, <u>ella</u>, <u>él</u>,...
- — Los numerales, tanto cardinales como ordinales. Sin embargo, en un compuesto numeral, el primer elemento no se acentúa.
- — El verbo.
- — El adverbio.
- — Las formas interrogativas.

— *Palabras no portadoras de sílabas acentuadas:*

- — El artículo determinado: <u>el</u>, <u>la</u>,... Sin embargo, los artículos indeterminados, <u>un</u>, <u>una</u>, son palabras portadoras de acento.
- — La preposición.

— La conjunción.
— El primer elemento de los numerales compuestos: <u>dos</u>, mil.
— Los pronombres átonos: *<u>me</u>, <u>te</u>, <u>se</u>, <u>le</u>, <u>la</u>*,...
— Los adjetivos posesivos apocopados: *<u>mi</u>, <u>tu</u>, <u>su</u>;* frente a *<u>mío</u>, <u>tuyo</u>, <u>suyo</u>,* que son las formas no apocopadas de los adjetivos posesivos.
— Las formas *<u>que</u>, <u>cual</u>, <u>quien</u>, <u>como</u>,* etc., cuando no funcionan como interrogativas.

RESPUESTAS A LOS EJERCICIOS

1. (Pág. 30)

lo-gro
des-ha-cer
he-li-cóp-te-ro
a-yu-da
at-le-ta, a-tle-ta
ac-ción
tran-sat-lán-ti-co
tran-sa-tlán-ti-co

pers-pi-caz
o-re-ja
in-hu-ma-no
cons-tan-cia
ci-ga-rro
trans-gre-dir
nos-o-tros, no-so-tros

re-fres-co
am-nis-tía
o-pri-mo
in-ha-lar
al-he-lí
fin
dip-ton-go

2. (Pág. 32)

ai: vais
au: causa
ei: sabéis
eu: deuda
oi: hoy,

ou: Salou
iu: ciudad
ia: audacia
ie: tiene
ua: cuando

ue: puede
io: odio
uo: ambiguo
ui: cuidado

3. (Pág. 33)

ba-úl: hiato, ... *cau*-sa, áu-re-o, ... diptongos e hiato
lí-ne-a: hiato, ... nunca pude haber diptongo formado por dos abiertas.
hé-ro-e: hiato, ... nunca puede haber diptongo formado por dos abiertas.
mue-vo: diptongo, ... zu-*lú-es* (hiato).

ha-*cia*:	diptongo,................................	ha-cí-a (hiato) del verbo hacer.
le-*ón*:	hiato, ... nunca puede haber diptongo formado por dos abiertas.	
pa-*ra-í-so*:	hiato, ...	*cai*-go, diptongo, ...
tí-o:	hiato,.....................................	*vio*, diptongo, ...
ley:	diptongo	*le-í*, hiato............................
lec-*ción*:	diptongo,................................	im-*pí-o*, hiato, ...
pú-a:	hiato,.....................................	pa-ra-*guas*, diptongo,.........
ra-*íz*:	hiato	*hay*, diptongo,....................
Lu-*cí-a*:	hiato, ...	Lu-*cio*: diptongo, ...

4. (Pág. 34)

i-*nau*-di-to (diptongo)	cons-tan-te	*po-é*-ti-co (hiato)
des-he-cho	co-*rro*-er (hiato)	de-se-cho, des-e-cho
ex-cep-*ción* (diptongo)	cá-li-do	dic-*cio*-na-*rio* (diptongos)
ins-cri-bir	*la-úd* (hiato)	*ca-í*-da (hiato)
as-tros	in-hu-mar	me-*dio* (diptongo)
a-*vión* (diptongo)	abs-trac-to	*trau*-ma (diptongo)
au-da-cia (diptongos)	*ve-hí*-cu-lo (hiato)	jus-ti-*cia* (diptongo)
fre-ír (hiato)	*pro-hí*-bo (hiato)	ha-*cia* (diptongo)

5. (Pág. 35)

mu-evo:	incorrecto porque hemos destruido el diptongo: mue-vo
a-migo:	incorrecto porque hemos dejado una vocal aislada al final del renglón: ami-go
pla-za:	correcto
frí-o:	incorrecto porque hemos dejado aislada una vocal al principio del renglón: frío
no-so-tros:	correcto; también: *nos-otros.*
trau-ma:	correcto,
sigui-ente:	incorrecto, hemos destruido un diptongo: siguien-te
dicci-onario:	incorrecto, porque hemos destruido un diptongo: diccio-nario.

6. (Pág. 35)

an<u>dar</u>	pas<u>tel</u>	te<u>ner</u>
<u>úl</u>timo	<u>ár</u>bol	ca<u>fé</u>
ven<u>ta</u>na	<u>mú</u>sica	<u>me</u>sa
filoso<u>fía</u>	ca<u>mi</u>sa	es<u>tar</u>
nor<u>mal</u>	panta<u>lón</u>	lec<u>tor</u>
po<u>lí</u>tico	po<u>é</u>tico	di<u>fí</u>cil

7. (Pág. 36 - 37)

Agudas:

sa*gaz*., vol*cán*, pa*red*, car*tel*, a*mor*, so*fá*, *mal*, *fin*

Llanas:

ca*rác*ter, *li*bro, a*or*ta, *me*sa, *ár*bol, *ágil*, *lá*piz, re*lla*no, *már*mol, *cés*ped, re*fres*co, prin*ce*sa, *mue*vo, inhuma-no, *fér*til.

Esdrújulas:

*má*gico, *pá*jaro, *fí*sico, *bús*calo, *mé*dico, *lí*nea, *prín*cipe, a*gá*rralo, elec*tró*nica, es*pí*ritu y *cán*taro.

Sobresdrújulas:

*mán*damelo, di*cién*doselo,

8. (Pág. 39)

música:	lleva tilde porque es esdrújula, todas la llevan.
cárcel:	lleva tilde porque es llana terminada en -l.
feliz:	no lleva porque es aguda terminada en -z (no en vocal, -n, -s)
último:	todas las esdrújulas llevan tilde.
avestruz:	no lleva tilde, es aguda terminada en -z (no en vocal, -n, -s)
álbum:	lleva tilde porque es llana terminada en -m.
pésimo:	todas las esdrújulas llevan tilde.
fácil:	lleva tilde porque es llana terminada en -l.
café:	lleva tilde porque es aguda terminada en vocal.
huracán:	lleva tilde porque es aguda terminada en -n.
breve:	no lleva tilde porque es llana terminada en vocal.
amor:	no lleva tilde porque es aguda terminada en -r.
lunes:	no lleva tilde porque es llana terminada en -s.
útil:	lleva tilde porque es llana terminada en -l.
anís:	lleva tilde porque es aguda terminada en -s.
Martínez:	lleva tilde porque es llana terminada en -z.
jardín:	lleva tilde porque es aguda terminada en -n.
allá:	lleva tilde porque es aguda terminada en vocal.
azúcar:	lleva tilde porque es llana terminada en -r.
alegre:	no lleva tilde porque es llana terminada en vocal.
césped:	lleva tilde porque es llana terminada en -d.
músculo:	todas las esdrújulas llevan tilde.
teléfono:	todas las esdrújulas llevan tilde.
hípica:	todas las esdrújulas llevan tilde.

9. (Pág. 41)

Aún no ha llegado.

Aun llegando tarde, conseguí la entrada.

Dé usted la vuelta a la calle.
La casa *de* mi amigo es nueva.

No quiero *más.*
Lo intenté, *mas* no lo logré.

¿Vienes con nosotros?, *Sí,* voy.
Si vienes, tráeme el libro.

Sé bueno. No *sé* la lección.
Se marchó de casa.

Ayer no me encontré con *él.*
El libro está sobre *el* pupitre.

A *mí* no me gusta.
Éste es *mi* libro.

10. (Pág. 41)

- No *sé* solucionar este problema.
- *Aún* no *sé* la respuesta.
- *Si te* gusta el *té,* di que *sí.*
- A *él* le interesan *más* los coches.
- *Sé* bueno.
- A ti te gusta *mi* ciudad *más* que a *mí.*
- Dime *si* vendrás *tú sólo* o con tu hermano.
- ¿Vienes o no vienes? Yo no te espero *más* de 2 ó 3 horas.

11. (Pág. 42)

Iba yo *solo* en el coche.
Sólo hemos arreglado una habitación.

¿*Cuándo* vendréis a verme?
Cuando nos invites.

Dime *quién* ha llamado.
El señor de *quien* te he hablado es amigo de Pedro.
¡*Quién* pudiera!
¿*Quién* ha llegado?

¡*Cuánto* ruido hacen!
Gasta *cuanto* quiere, porque gana mucho.
¿*Cuánto* desea?
Me enteré de *cuanto* ocurrió.

Hemos estado *donde* nace el río.
¿*Dónde* vives?
Ése es el pueblo *donde* nació mi padre.

Dice *que* llegará tarde.
Estoy seguro de *que* aprobarás.
¿*Qué* dices? El libro está en la mesa *que* hay a la entrada.
¡*Qué* mala suerte!

¿*Cuál* es el tuyo?
La ventana por la *cual* huyó el ladrón estaba cerrada.
Dime *cuál* quieres.

No *sé cómo te* has enterado.
Lo hice *como* pude.
Me miraba *como* si no me conociera.
¿*Cómo* habéis llegado?

Estos libros son buenos; pero *aquéllos* me gustan *más*.
Esto me gusta *más* que *aquello*.
En *ese* cine no ponen *este* tipo de películas.

12. (Pág. 43)

¿*Por qué* has puesto el cuadro ahí?
• No me interesan tus *porqués*.
• Lo hago *porque* quiero.
• ¿*Por qué* llevas esas gafas? *Porque* me molesta el sol.
• No sé *por qué* no ha llegado todavía.
• No me esperéis *porque* estoy cansado.
• No entiendo los *porqués* de tu decisión.
• Dime *por qué* has puesto el cuadro ahí.

13. (Pág. 45)

trau-ma,	llana, no lleva tilde porque termina en vocal.
miau,	aguda, no lleva tilde porque es un monosílabo (triptongo).
a-pa-ci-guáis,	triptongo, aguda terminada en -s, lleva tilde en la abierta.
Cáu-ca-so,	ya está en el ejercicio.
au-da-cia,	llana, no lleva tilde porque termina en vocal.
vi-rrey,	aguda terminada en vocal; pero no lleva tilde, es una excepción.
es-toy,	ya está en el libro.
lec-ción,	aguda terminada en -n, diptongo, colocamos la tilde sobre la abierta.

ver-güen-za,	llana terminada en vocal, no lleva tilde.
mue-vo,	llana terminada en vocal, no lleva tilde.
áu-re-o,	esdrújula, todas llevan tilde, la colocamos sobre la vocal abierta del diptongo.
náu-fra-go,	esdrújula, todas llevan tilde, la colocamos sobre la vocal abierta.
tam-bién,	aguda terminada en -n, colocamos la tilde sobre la vocal abierta del diptongo.
lin-güís-ti-ca,	ya está en el ejercicio.
dió-ce-sis,	esdrújula, todas llevan tilde, la colocamos sobre la vocal abierta del diptongo.
es-tiér-col,	llana terminada en -l, lleva tilde sobre la vocal abierta del diptongo.
sa-béis,	aguda terminada en -s, lleva tilde, la colocamos sobre la vocal abierta del diptongo.
pie,	aguda terminada en vocal, no lleva tilde porque es un monosílabo.
hin-ca-pié,	aguda terminada en vocal, lleva tilde, la colocamos sobre la vocal abierta del diptongo.
trip-ton-go,	llana terminada en vocal, no lleva tilde.
buey,	ya está en el libro.
Al-coy,	aguda terminada en vocal; pero no lleva tilde, es una excepción.

14. (Pág. 47)

re-ír,	lleva tilde, aunque es aguda terminada en -r, porque es un hiato y el acento recae en la cerrada. Muchos alumnos dicen que lleva tilde para deshacer o destruir el diptongo.
co-rro-er,	aguda terminada en -r; pero al ser un hiato formado por dos vocales abiertas sigue las reglas generales de uso de la tilde, luego no lleva tilde.
ac-tú-a,	por el mismo motivo que reír, si bien ésta es llana.
ma-íz,	ya está en el libro.
ha-bí-a, frí-o, o-í-do, ca-í-do, ac-tú-o, re-ú-no, pro-hí-bo, bú-ho, ge-o-gra-fí-a, pú-a:	todas ellas por el mismo motivo que reír y actúa.
lí-ne-a,	lleva tilde porque es esdrújula.
hu-ir,	ya está en el libro.
cam-pe-ón,	aguda terminada en -n, lleva tilde, siguiendo las reglas generales de uso de la tilde.
hé-ro-e,	esdrújula, lleva tilde.
fi-ar, actu-ar,	son dos hiatos formados por cerrada y abierta; pero no llevan tilde según las reglas generales porque el acento no recae en la cerrada.

con-clu-i-do,	no lleva tilde por el mismo motivo que huir.
hu-í,	ya está en el libro.
ac-tu-ó,	hiato formado por cerrada más abierta, el acento recae en la abierta, sigue las reglas generales de uso de la tilde: aguda terminada en vocal, lleva tilde.
ve-hí-cu-lo,	lleva tilde porque es esdrújula, además aparece un hiato y el acento recae en la cerrada.
pro-hi-bir,	hiato, pero el acento recae en la última, aguda terminada en -r, no lleva tilde.
son-re-í-a-mos,	ya está en el libro.

15. (Pág. 48)

temer:

temía, temías, temía, temíamos, temíais, temían.
temí, temiste, temió, temimos, temisteis, temieron.
temería, temerías, temería, temeríamos, temeríais, temerían.

partir:

partía, partías, partía, partíamos, partíais, partían.
partí, partiste, partió, partimos, partisteis, partieron.
partiría, partirías, partiría, partiríamos, partiríais, partirían.

coger:

cogía, cogías, cogía, cogíamos, cogíais, cogían.
cogí, cogiste, cogió, cogimos, cogisteis, cogieron.
cogería, cogerías, cogería, cogeríamos, cogeríais, cogerían.

sentir:

sentía, sentías, sentía, sentíamos, sentíais, sentían.
sentí, sentiste, sintió, sentimos, sentisteis, sintieron.
sentiría, sentirías, sentiría, sentiríamos, sentiríais, sentirían.

beber:

bebía, bebías, bebía, bebíamos, bebíais, bebían.
bebí, bebiste, bebió, bebimos, bebisteis, bebieron.
bebería, beberiás, bebería, beberíamos, beberiáis, beberían.

subir:

subía, subías, subía, subíamos, subíais, subían.
subí, subiste, subió, subimos, subisteis, subieron.
subiría, subirías, subiría, subiríamos, subiríais, suburían.

16. (Pág. 50-51)

búscalo,   lleva tilde porque al añadir el pronombre enclítico *lo* a la forma verbal *busca* (llana), ésta se convierte en esdrújula.

dame,   no lleva tilde, la forma verbal *da* no lleva tilde, al recibir el pronombre enclítico *me*, se convierte en llana terminada en vocal.

dámelo,   por el mismo motivo que *búscalo.*

déme,   ya está en el libro.

hágase,   (se haga), por el mismo motivo que *búscalo.*

dime,   por el mismo motivo que *dame* (no lleva tilde).

dígame,   por el mismo motivo que *búscalo.*

mirándome, por el mismo motivo que *búscalo.*

dímelo,   por el mismo motivo que *búscalo.*

propónlo,   (propón-lo), por el mismo motivo que *déme.*

vámonos   (vamos-nos) fíjate que se pierde la -s de la forma verbal. La palabra se convierte en esdrújula, lleva tilde.

17. (Págs. 51-52)

baloncesto.   *suavemente.*

tiovivo.   *rápidamente.*

rioplatense.   *ciempiés.*

vaivén (ya está en el libro).   *puntapié.*

débilmente.   *asimismo.*

fácilmente (ya está en el libro).

18. (Págs. 52-53)

fórum, clímax, referéndum, superávit, accésit, son *latinismos* que siguen las reglas generales de acentuación, todas son llanas terminadas en consonante (menos -n, -s).

cliché, estrés, pimpón, chalé, carné, parqué, son extranjerismos ya incorporados al castellano, llevan tilde porque son agudas terminadas en vocal.

cóctel, líder, extranjerismos incorporados al castellano, llevan tilde por ser palabras llanas terminadas en consonante (ni -n ni -s).

19. (Pág. 53-54)

útilmente: lleva tilde porque el adjetivo *útil* (aislado) ya lo llevaba.

levemente,   no lleva tilde porque el adjetivo *leve* (aislado) no lo llevaba.

dé,   tilde diacrítica, es del verbo dar.

había,   llana con hiato, el acento recae en la cerrada, se acentúa en contra de las reglas generales.

salud,	no lleva tilde, aguda terminada en -d.
álbum,	lleva tilde, llana terminada en -m.
Lucía,	por el mismo motivo que *había.*
Lucio,	llana terminada en vocal (hay un diptongo), no lleva tilde.
Carmen,	llana terminada en -n no lleva tilde.
de,	monosílabo, no lleva tilde, es preposición.
ataúd,	por el mismo motivo que *había,* si bien ésta es aguda.
tambor,	aguda terminada en -r, no lleva tilde.
confiéis,	aguda terminada en -s, hay un triptongo, colocamos la tilde sobre la vocal abierta del triptongo.
huésped,	llana terminada en -d, lleva tilde sobre la vocal abierta del diptongo.
sabéis,	aguda terminada en -s, hay un diptongo, colocamos la tilde sobre la vocal abierta del diptongo.
mí,	pronombre personal, lleva tilde diacrítica.
pídeselo,	sobresdrújula, lleva dos pronombres enclíticos: se-lo.
sé,	tilde diacrítica, verbo saber o ser.
él,	tilde diacrítica, pronombre personal.
quién,	tilde diacrítica, pronombre interrogativo.
tú,	tilde diacrítica, pronombre personal.
marfil,	aguda terminada en -l, no lleva tilde.
fin,	monosílaba, no lleva tilde.
estoy,	aguda terminada en vocal; pero no lleva tilde por terminar en diptongo -oy. Es una excepción.
sábado,	es esdrújula, llevan tilde todas.
déle,	la forma *dé* (aislada) lleva tilde y la conserva al añadir el pronombre enclítico *le.*
dame,	llana no lleva tilde, *da* (aislada) no lleva tilde por ser monosílaba
dámelo,	sí lleva por convertirse en esdrújula.
huérfano,	esdrújula, todas llevan tilde, la colocamos sobre la vocal abierta del diptongo.
referéndum,	llana terminada en -m, lleva tilde.

20. (Pág. 60)

- Babieca era el caballo de Rodrigo Díaz de Vivar, el Cid Campeador.
- El Buitre no marca un gol desde hace seis meses.
- Alfonso X el Sabio fue un gran impulsor de la lengua castellana.
- El río Carrión pasa por Palencia.
- El Duque de Alba es un buen conocedor de nuestra literatura.
- En Italia hay una gran afición a la ópera.
- En el mes de enero cuesta mucho volver a las clases.
- El Salvador murió en la cruz por nosotros.

21. (Pag. 61)

- El papa Juan Pablo II intervino en el conflicto polaco.
- El Papa visitará Colombia.
- El rey Juan Carlos I es respetado en Europa.
- El Ministro de Cultura inauguró el Instituto Politécnico de Formación Profesional *Juan Antonio Castro* de Talavera de la Reina.
- El ministro Solana visitará Oropesa.
- Creo que a usted no le favorece este color.
- Me parece que Vd. (Ud.) puede aspirar al cargo.
- La Real Academia Española revisará las normas de Ortografía.
- El Cine Avenida está al lado de la Caja de Ahorros de Palencia.
- El Ejército del Aire fue fiel a la Corona durante las revueltas de mayo.
- Mi amigo Pedro estudia Derecho.
- El profesor de Lengua suele llegar tarde a clase.

22. (Pág. 66)

- El conductor tuvo que indemnizar al joven.
- Su ambición es innoble.
- Su currículum es impresentable e inimaginable.
- Imponer y componer sus compuestos del verbo poner.
- Invertir e imberbe se forman a partir del prefijo in-.
- Ambos empleos son importantes.
- El laurel es un árbol de hoja perenne.

23. (Pág. 67)

- Tu comportamiento es impropio de tu edad.
- El ciclista salió ileso del accidente.
- Tu historia parece irreal.
- Nosotros convenimos que comprobaríais las listas.
- Es imposible e ilícito pagar tales cantidades.
- Su comportamiento es connatural con su carácter.

24. (Pág. 68)

exactitud	exactitudes.
virtud	virtudes.
incapaz	incapaces.
capacidad	capacidades.
pez	peces.
vez	veces.
vid	vides.
diez	dieces.

voz .... vo*ces*.
maíz .... maí*ces*.
cruz .... cru*ces*.
veloz .... velo*ces*.
velocida*d* .... velocida*des*.
huéspe*d* .... huéspe*des*.

25. (Pág. 69)

comprar.	compra, comprad, compraos.
dejar.	deja, dejad, dejaos.
subir.	sube, subid, subíos.
venir.	ven, venid, veníos.
hacer.	haz, haced, haceos.
ser.	sé, sed, seos.
dar.	da, dad, daos.
servir.	sirve, servid, servíos.
marchar.	marcha, marchad, marchaos.
ir;	ve, id, idos (esta última forma es una excepción; muy poco usada).
estar.	estate, estad, estaos.

26. (Pág. 70)

- El cine empieza a las seis.
- Que comience Pedro por cualquier cifra.
- Tiene un aspecto agradable; pero espero que nos merezcamos algo más.
- Había cientos de peces en la orilla.
- Tiene un eccema que parece una cicatriz (también *eczema*).
- El ciervo fue cazado por un furtivo.

27. (Pág. 71)

convicción, convicto ....
negación, negativo.................
calefacción, calefactor.............
discreción, discreto ....
contracción, contracto.............
adición, aditivo (suma) ....
adicción, adicto...................
afección, afectado, afectable ....
reducción, reductora, reducto ......
infección, infectado, infectable .....
reacción, reactor, reactivo ....

sección, sector, sectario, seccionar...........................

privación, privativo ....

perturbación, perturbado, perturbable....................

abstracción, abstracto, abstraído.............................

acción, actor, actante..............................

perfección, perfecto, perfectible ....

inspección, inspector ....

28. (Pág. 75)

arroyo, vibrante múltiple.

rojo, vibrante múltiple.

cara, vibrante simple.

enredadera, vibrante múltiple.

réplica, vibrante múltiple.

contrarréplica, vibrante múltiple.

vicerrector, vibrante múltiple.

enriquecer, vibrante múltiple.

autorretrato, vibrante múltiple.

para, vibrante simple, *parra*, vibrante múltiple.

pera, vibrante simple, *perra*, vibrante múltiple.

Enrique, vibrante múltiple.

honradez, vibrante múltiple.

israelita, vibrante múltiple.

29. (Pág. 77)

• El te*x*to era e*x*traño; pero conseguí e*x*plicarlo.
• Se e*x*presa con dificultad.
• E*x*agera e*x*traordinariamente sus dolores.
• Pre*s*entaba un a*s*pecto e*s*trafalario.
• Los e*s*pectadores reaccionaron e*s*pléndidamente con unos aplau*s*os e*s*pontáneos.
• El é*x*ito fue un premio para la organización.
• Su e*s*tudio de la sinta*x*is fue e*s*téril; no consiguió aprobar el e*x*amen.

31. (Pág. 80)

• El ma*y*ordomo se ca*ll*ó, porque no tenía razón.
• Cuando va*y*as a casa, ten cuidado con el ho*y*o que ha*y* en la h*i*erba.
• Los bue*y*es hu*y*en del *y*ugo.
• El niño se ca*y*ó en el tra*y*ecto de su casa al parque.
• A*y*er le*í* en el periódico lo que ocurrió en la ca*ll*e de mi amigo.
• Pedro se encontró a su hermano pequeño *ll*orando *y* no supo arru*ll*arlo.
• El niño se ca*y*ó al arro*y*o.

32. (Pág. 84)

• he habido, has habido, ha habido, hemos habido, habéis habido, han habido.
• había, habías, había, habíamos, habíais, habían.
• haya, hayas, haya, hayamos, hayáis, hayan.

33. (Pág. 84)

• debo, debes, debe, debemos, debéis, deben.
• habré debido, habrás habido, habrá debido, habremos debido, habréis debido, habrán debido.
• deba, debas, deba, debamos, debáis, deban.

34. (Pág. 85)

• bebedero, bebedor, bebida, bebedizo, bebible, biberón, bebistrajo, embeber, embebido.
• bebo, bebes, ...
• bebía, bebías, bebía, ...
• bebí, bebiste, bebió, ...
• beberé, beberás, beberá, ...

36. (Pág. 85)

• hervir, hervor, hervidero, hirviente.
• servir, servidor, sirviente, servicio, servible, servilleta, servicial, siervo, servidumbre.
• vivir, vividor, vivaracho, vivacidad, vivencia, convivencia, vivo, víveres, avivar, reavivar, convivir, revivir, sobrevivir.

37. (Págs. 86)

• observaba, observabas, observaba, observábamos, observabais, observaban
• robaba, robabas, robaba, robábamos, robabais, robaban.
• hablaba, hablabas, hablaba, hablábamos, hablabais, hablaban.
• llevaba, llevabas, llevaba, llevábamos, llevabais, llevaban.
• iba, ibas, iba, íbamos, ibais, iban.
• estaba, estabas, estaba, estábamos, estabais, estaban.
• andaba, andabas, andaba, andábamos, andabais, andaban.
• jugaba, jugabas, jugaba, jugábamos, jugabais, jugaban.
• bailaba, bailabas, bailaba, bailábamos, bailabais, bailaban.
• preservaba, preservabas, preservaba, preservábamos, preservabais, preservaban.

38. (Pág. 86-87).

- contabilidad, contable.
- estabilidad, estable.
- potabilidad, potable.
- rentabilidad, rentable.
- flexibilidad, flexible.

- responsabilidad, responsable.
- impasibilidad, impasible.
- posibilidad, posible.
- infalibilidad, infalible.
- visibilidad, visible.

40. (Pág. 87)

- movilidad, móvil, movible, inmóvil, mover, movedizo, conmover, remover, promover, movimiento, movilizar, movilización.
- civilidad, civil, incivil, civismo, cívico, civilización, civilizar.

43. (Pág. 89)

beneficio, benefactor, beneficiencia, beneficioso, benéfico, bendecir, bendición, bendito, benévolo, benevolencia, beneplácito, benquerencia, bienhechor, bienestar, bienaventuranza, bienvenida.

45. (Pág. 90)

- bando, banda, bandera, bandada, bandazo, desbandada.
- bravo, bravío, bravura, braveza, bravata, bravucón, desbravar, embravecer.
- barco, embarcar, embarcadero, embarque, embarcación, desembarco, ...
- probar, prueba, probeta, aprobar, probador, reprobar, aprobación, comprobar, comprobación, ...
- hierba, herbívoro, herbolario, herboso, herbicida, hierbajo, ...
- boca, bocado, bocacalle, bucal, embocadura, bocana, bocanada, desembocar, abocar, ...
- barba, imberbe, barbada, barbear, barbería, barbero, barbicano, barbilampiño, barbilla, barboquejo, ...
- bolso, bolsillo, bursátil, embolsar, desembolsar, ...
- base, básico, basar, basamento, basa, ...
- habitar, habitante, habitable, habitabilidad, habitación, habitáculo.
- rebelarse, rebelión, rebelde, rebeldía, ...
- revelar, revelado, revelación, ...

46. (Pág. 92)

adverbio	envío	obvio
advertir	invidente	subvención
adversario	invierno	envidia
advertencia	convenio	investigación

47. (Pág. 93)

- *nuevo,* novedad, novedoso, novato, novicio.
- *breve,* brevedad, breviario
- *grave,* gravedad, agravar.
- *árabe,* mozárabe, arábigo.
- *cautivo,* cautividad, cautivar.
- *activo,* actividad, activar.

- *suave,* suavidad, suavizar.
- *leve,* levedad,
- *saliva,* salival, salivación.
- *sílaba,* silábico, monosílabo.
- *negativo,* negación, negar.
- *octavo,* octavilla, octavario.

48. (Pág. 94)

- voy, vas, vas, vamos, vais, van.
- iba, ibas, iba, íbamos, ibais, iban.
- vaya, vayas, vaya, vayamos, vayáis, vayan.
- ve (vete), id.

49. (Pág. 94)

- estuve, estuviste, estuvo, estuvimos, estuvisteis, estuvieron.
- anduve, anduviste, anduvo, anduvimos, anduvisteis, anduvieron.
- estaba, estabas, estaba, estábamos, estabais, estaban.
- andaba, andabas, andaba, andábamos, andabais, andaban.
- estuviera/se, estuvieras/ses, estuviera/se, estuviéramos/seamos, estuvierais/seis, estuvieran/sen.
- anduviera/se, anduvieras/ses, anduviera/se, anduviéramos/semos, anduvierais/seis, anduvieran/sen.

50. (Pág. 94)

obtener
- obtuve, obtuviste, obtuvo, ...
- obtuviera/se, obtuvieras/ses, obtuviera/se, ...

contener
- contuve, contuviste, contuvo, ...
- contuviera/se, contuvieras/ses, contuviera/se, ...

mantener
- mantuve, mantuviste, mantuvo, ...
- mantuvieras/se, mantuvieras/ses, mantuviera/se, ...

sostener
- sostuve, sostuviste, sostuvo, ...
- sostuviera/se, sostuvieras/ses, sostuviera/se, ...

entretener
- entretuve, entretuviste, entretuvo, ...
- entretuviera/se, entretuvieras/ses, entretuviera/se, ...

detener
- detuve, detuviste, detuvo, ...
- detuviera/se, detuvieras/ses, detuviera/se, ...

atenerse
- me atuve, te atuviste, se atuvo, ...
- me atuviera/se, te atuvieras/ses, se atuviera/se, ...

abstenerse
- me abstuve, te abstuviste, me abstuvo, ...
- me abstuviera/se, te abstuvieras/ses, se abstuviera/se, ...

retener
- retuve, retuviste, retuvo, ...
- retuviera/se, retuvieras/ses, retuviera/se, ...

52. (Pág. 96)

vicedirector	vicepresidente
vizconde	vicealmirante
virrey	vicesecretario

53. (Pág. 96)

evasión	evaluación	evolución	evidente
Eva	evitar	evento	evocar
eventual	evangelio	ébano	ebanista

54. (Pág. 97)

mover: promover, remover, conmover,...
vender: venta, reventa, compraventa, revender,................................
vivir: revivir, vividor, viviente,..
venir: prevenir, preventivo, desprevenir, convenir, convenio, sobrevenir, contravenir,...
hervir: hervido, hervor, hervidero, hervidor, hirviente, ...

55. (Pág. 100)

hago, haces, hace, hacemos, hacéis, hacen.
he hecho, has hecho, ha hecho, hemos hecho, habéis hecho, han hecho.
haré, harás, hará, haremos, haréis, harán.
haga, hagas, haga, hagamos, hagáis, hagan.
hice, hiciste, hizo, hicimos, hicisteis, hicieron.

56. (Pág. 100)

ferru (m):   *cultismos*: férreo, ferretería, ferrocarril, ferroviario, ferretero,.

patrimoniales: hierro, herradura, herrar, herramienta, herrero, herrería, herrumbre, herraje,............................

facere (hacer): *cultismos*: factor, factura, factorial, factoría, factible, facsímil, fecha, fechoría,............................
patrimoniales: hacienda, hacedero, hacer, hacedor, hecho, hechura, bienhechor, malhechor,............................

fugere: *cultismos*: fuga, fugaz, fugitivo, fugarse, prófugo, refugio, refugiar,............................
patrimoniales: huir, huida, huidizo, rehuir, ahuyentar,

filiu (m): ....
cultismos: filial, filiación, afiliar, afiliación, afiliado,............
patrimoniales: hijo, ahijado, hijastro, hijuela,............

57. (Pág. 101)

hidr(o): hidroavión, hidraúlico, hidrogeno, hidrosfera, hidrofobia, hidratar, deshidratar, hidrográfico, hidrólisis, hidrato, hidrología, hidrómetro, hidropesía, ...
higr(o): higrómetro, higrometría, higroscopia, ...

58. (Pág. 101)

hipo (debajo de)
        hipocentro, hipocresía, hipotenusa, hipotensión, hipótesis, hipocausto, hipogeo, hipodérmico,
hipo (caballo)
        hipopótamo, hipódromo, hípico,

59. (Pág. 101)

homo- homosexual, homófono, homogéneo, homologar, homónimo, homologar, ...
hemo-(a) hematoma, hemorragia, hemofilia, hemoglobina, hemorroide, hematíes, ...
hetero- heterogéneo, heterónimo, heterodoxo, heterodoxia, heterosexual, ...
hemi- hemiciclo, hemisferio, hemiplejia, hemistiquio, ...

60. (Pág. 102)

huesped: [hospite (m)].. hospedar, hospedería, hospedaje, ...
huérfano [orphanu (m)].. huerfanito, orfanato, orfandad, ...
huevo [ovu (m)]... huevero, huevecillo, oval, ovario, óvulo, ovulación,
huerto [ortu (m)]... huerta, hortelano, horticultura, hortaliza, ...
Huelva [Onuba]... onubense, ...

Huesca (Osca)... oscense,..
hueso [ossu (m)]... hueso, huesudo, deshuesar, huesecillo, óseo, osa-
rio, osificar, osamenta,..
oler (olere)... huelo, hueles, huele, olemos, oléis, huelen,.................
hueco (vacuum occare = ahuecar) ... huequecillo, oquedad,..............

61. (Pág. 103)

horca... ahorcar, ahorcado,..
humo... ahumar, ahumado, ...
hora... ahora, a deshora, enhorabuena, ...
hierba, desherbar,...
humus, inhumar, exhumar,...
hijo... ahijado, ahijar, ...
hombre-humano, inhumano, deshumanizar, rehumanizar,.................
habitar, deshabitar, rehabitar,..
hielo, deshelar, deshielo...

62. (Pág. 103)

¡Cuánta gente inútil *hay* ahí!
Aquí no *hay* fruta; está *ahí*.
Se *ha* caído en el hoyo.
He ido *a* saltar, pero no me *ha* dejado.
Hay demasiados alumnos *ahí*; diles que vayan *a* otra aula.
¡No *hay* derecho! No le pasa nada; pero está todo el día en un *ay*.
Se dice *he* aquí, si lo señalado está cerca del hablante; *he ahí*, si está
un poco más lejos.
He visitado España *e* Italia.

65. (Pág. 106)

origen	gigante	gitano
amigo	aguante	jirafa
cigüeña	guisar	antiguo
gasto	coger	tejer
antigüedad	religión	siguiente
aljibe	ligero	gota (jota)

66. (Pág. 107)

Se presentó de incógnito, pero fue bien recibido.
No pude recoger el paquete en consigna.
No aprobé geografía, pero sí geología.
Los marginados son aquellos que quedan olvidados, al margen de la ley.
El origen de la pugna fue una imagen que apareció en televisión.

67. (Pág. 107-109)

elegir:
> elijo, eliges, elige, elegimos, elegís, eligen.
> elegí, elegiste, eligió, elegimos, elegisteis, eligieron.

corregir:
> corrijo, corriges, corrige, corregimos, corregís, corrigen.
> corregí, corregiste, corrigió, corregimos, corregisteis, corrigieron.

regir:
> rijo, riges, rige, regimos, regís, rigen.
> regí, registe, rigió, regimos, registeis, rigieron.

surgir:
> surjo, surges, surge, surgimos, surgís, surgen.
> surgí, surgiste, surgió, surgimos, surgisteis, surgieron.

aligerar:
> aligero, aligeras, aligera, aligeramos, aligeráis, aligeran.
> aligeré, aligeraste, aligeró, aligeramos, aligerasteis, aligeraron.

tejer:
> tejo, tejes, teje, tejemos, tejéis, tejen.
> tejí, tejiste, tejió, tejimos, tejisteis, tejieron.

crujir:
> crujo, crujes, cruje, crujimos, crujís, crujen.
> crují, crujiste, crujió, crujimos, crujisteis, crujieron.

coger: (y sus compuestos, acoger, recoger, encoger, ...) cojo, coges, coge, cogemos, cogéis, cogen.
> cogí, cogiste, cogió, cogimos, cogisteis, cogieron.

proteger:
> protejo, proteges, protege, protegemos, protegéis, protegen.
> protegí, protegiste, protegió, protegimos, protegisteis, protegieron.

fingir:
> finjo, finges, finge, fingimos, fingís, fingen.
> fingí, fingiste, fingió, fingimos, fingisteis, fingieron.

afligir:
> aflijo, afliges, aflige, afligimos, afligís, afligen.
> afligí, afligiste, afligió, afligimos, afligisteis, afligieron.

69. (Pág. 110)

genealogía	gestación	gestión	generar
gestionar	general	genética	generoso
digestión	gesta	gesticular	gestoría
gesto	generador	genial	génesis
género	congestión	genialidad	genio

70. (Pág. 111)

ajeno	dijimos	congoja	hereje
agencia	linaje	trabajo	corregimos
cajero	garaje	coger	conserje
ligero	cojo	girar	
cojear	relojería	tragedia	

71. (Pág. 112)

canjear:

canjeé, canjeaste, canjeó, canjeamos, canjeasteis, canjearon.

dibujar:

dibujé, dibujaste, dibujó, dibujamos, dibujasteis, dibujaron.

bajar:

bajé, bajaste, bajó, bajamos, bajasteis, bajaron.

callejear:

callejeé, callejeaste, callejeó, callejeamos, callejeasteis, callejearon.

flojear:

flojeé, flojeaste, flojeó, flojeamos, flojeasteis, flojearon.

forcejear:

forcejeé, forcejeaste, forcejeó, forcejeamos, forcejeasteis, forcejearon.

aconsejar:

aconsejé, aconsejaste, aconsejó, aconsejamos, aconsejasteis, aconsejaron.

trajear:

trajeé, trajeaste, trajeó, trajeamos, trajeasteis, trajearon.

72. (Pág. 113)

pupilaje	paje	viaje	mensaje
aprendizaje	garaje	oleaje	menaje
herraje	cerrajería	personaje	salvaje
paraje	conserjería	linaje	
deje	hospedaje	coraje	

73. (Pág. 113)

traer:

traje, trajiste, trajo, trajimos, trajisteis, trajeron.
trajera/se, trajeras/ses, trajera/se, trajéramos/semos, trajerais/seis, trajeran/sen.

distraer:

    distraje, distrajiste, distrajo, distrajimos, distrajisteis, distrajeron.
    distrajera/se, distrajeras/ses, distrajera/se, distrajéramos/semos
    distrajerais/seis, distrajeran/sen.

decir:

    dije, dijiste, dijo, dijimos, dijisteis, dijeron.
    dijera/se, dijeran/ses, dijera/se, dijéramos/semos, dijerais/seis
    dijeran/sen.

contradecir:

    contradije, contradijiste, contradijo, contradijimos, ...
    contradijera/se, contradijeras/ses, ...

predecir:

    predije, predijiste, predijo, predijimos, predijisteis, ...
    predijera/se, predijeras/ses, predijera/se, predijéraos/semos

traducir:

    traduje, tradujiste, tradujo, tradujimos, tradujisteis, ...
    tradujera/se, tradujeras/ses, tradujera/se, tradujéramos, ...

deducir:

    deduje, dedujiste, dedujo, dedujimos, dedujisteis, ...
    dedujera/se, dedujeras/ses, dedujera/se, dedujéramos, ...

conducir:

    conduje, condujiste, condujo, condujimos, condujisteis, ...
    condujera/se, condujeras/ses, condujera/se, condujéramos, ...

desdecir:

    desdije, desdijiste, desdijo, desdijimos, ...
    desdijera/se, desdijeras/ses, desdijera/se, desdijéramos, ...

surgir:

    surgí, surgiste, surgió, surgimos, surgisteis, surgieron...
    surgiera/se, surgieras/ses, surgiera/se, surgiéramos, ...

contraer:

    contraje, contrajiste, contrajo, contrajimos, ...
    contrajera/se, contrajeras/ses, contrajera/se, contrajéramos,

coger:

    cogí, cogiste, cogió, cogimos, cogisteis, cogieron,
    cogiera/se, cogiera/ses, cogiera/se, cogiéramos/semos,

74. (Pág. 121)

    La ventera y la zagala bajan del monte llevando el ganado por delante. Las dos mujeres caminan juntas, con los mantelos doblados sobre la cabeza como si fuesen a una romería. Dora los campos la mañana, y el camino fragante con sus setos verdes y goteantes, se despierta bajo el campanilleo de las esquilas, pasan apretándose las ovejas. El camino es húmedo, tortuoso, y rústico como viejo camino de sementeras y de vendimias.

80. (Pág. 130)

- ¿Estamos todos aprobados? ¡Todos estamos aprobados!
- ¿Ha convocado el examen para el martes? ¡Para el martes ha convocado el examen!
- ¿No llueve? ¡No llueve! ....
- ¿Ha venido mi hermano? ¡Mi hermano ha venido!
- ¿No aparece el libro? ¡El libro no aparece!
- ¿Llegará tarde el profesor? ¡El profesor llegará tarde!
- ¿No sabe qué hora es? ¡No sabe qué hora es!

81. (Pág. 131)

- Si podías, ¿por qué no pediste ayuda?
- Y, sin embargo, ¡se abatió la desgracia sobre la buena gente!
- Después de conocer lo ocurrido, ¿qué hiciste?
- Cuando vimos los resultados, ¡vaya desilusión!
- Sinceramente, Mario, ¿crees que eso es un viaje de novios?
- Cuando regresaste de la guerra, hijo, ¡no se me olvidará mientras viva!
- El muchacho que vimos el otro día, ¿no te parece raro?
- ¡Lo has oído bien! ¿verdad?

82. (Pág. 132)

¿Y el bomboncito de la pensión? Está enamorada. Qué manera de venir a avisarle, desmelenada, histérica, hembra embravecida. No hay como las mujeres para las altas circunstancias. ¡Pedro! ¡Pedro! ¿Qué has hecho, Pedro? ¿Por qué te persiguen? Dime que no es verdad, ¡Pedro! ¡Dime que no puede ser!

84. (Pág. 133)

- Sabrás, Gerardo, que no estoy de acuerdo contigo.
- Escúchame, Alberto.
- Oye, tú.
- ¿Cuándo volverá, doctor?
- Señores, hoy hablaremos de la prensa.
- Hijo, ¿por qué cierras de esa manera?
- Sal a la pizarra, Víctor.

85. (Pág. 134)

- En la pescadería había bacalao, bonito, merluza y mejillones.
- Sus limpias calles, sus cuidados jardines, su cercanía al mar y su clima uniforme la convierten en una ciudad única.

• Mañana iré a tu casa, recogeré los apuntes y te esperaré en la biblioteca.

86. (Pag. 134)

• Montamos en las bicicletas, empezamos a subir el puerto; pero pronto nos apeamos rendidos.
• Despegó el avión, se elevó, se introdujo en una nube, y no volvimos a verlo.
• Llegamos, examinamos el paraje, elegimos un buen rincón y plantamos nuestra tienda

87. (Pág. 135)

• El policía, oídas las dos partes, rellenó la multa.
• Los niños, gritando al jugar, despertaron al abuelo.
• La verdad, escribe el filósofo, sólo es una.
• No por mucho madrugar, como dice el refrán, vas a tener más suerte.
• La guerra en el Golfo, según los últimos informes, es inevitable.
• El presente histórico, también llamado de narración, es muy usado.

88. (Pág. 136)

Los soldados que fueron valientes asaltaron la fortaleza (especif.)
Los soldados, que fueron valientes, asaltaron la fortaleza (explic.).

Los pajarillos que estaban asustados dejaron de cantar (especificat.).
Los pajarillos, que estaban asustados, dejaron de cantar (explicat.).

Los profesores que faltan a clase serán sancionados (especific.).
Ya comentada en el ejercicio...

Van a asfaltar las calles que están mal pavimentadas (especific.)
Van a asfaltar las calles, que ya están mal pavimentadas (explicat.).

Recoge las manzanas que ya están maduras (especificat.).
Recoge las manzanas, que ya están maduras (explicativ.).

Me alegro por los alumnos que se han molestado en venir (especif.)
Me alegro por los alumnos, que se han molestado en venir (explicat.)

89. (Pág. 137-138)

• Se ha comprado un sillón *Renacimiento*.
• El profesor *Sánchez* sigue enfermo.
• Lisboa, *capital* de Portugal, está a orillas del Tajo.
• Juan es un niño *prodigio*.
• Vive en Madrid *capital*.

- Visitamos tan sólo Toledo *ciudad*.
- Ambos chicos, *Juan* y *Pablo*, estudian Derecho.

90. (Pág. 138)

- Si lo que he oído es verdad, entiendo tu actuación.
- Al llegar a la orilla, comprobaron su equivocación.
- Para ver esa película, no había merecido la pena salir de casa.
- Donde las dan, las toman.

91. (Pág. 138)

- No has llegado a tiempo, por consiguiente, no podrás optar al premio final.
- Vamos a ver, por último, la relación entre depresión y medio ambiente.
- No coge el teléfono y, sin embargo, estoy seguro de que está en casa.
- Perro ladrador, poco mordedor.
- Pedro ha estado en Francia; Luis, en Italia.
- El profesor ayer llegó tarde; hoy, también.
- Año de nieves, año de bienes.
- Mi hermano está en su habitación; mi hermana, en la terraza.

92. (Pág. 142)

- El libro tiene tres partes: primera, exposición teórica; segunda, aplicaciones prácticas; tercera, dudas más frecuentes.
- Llegaron los celtas, rubios y ágiles; después, los iberos, morenos y recios; a continuación, los griegos, hieráticos y serenos.
- Llevaba un pantalón negro, remendado y sucio; una camisa que parecía gris.

93. (Pág. 143)

- Todo se vino abajo en menos de un minuto; aunque bien pudo evitarse la ruina.
- Fui a buscar el libro a su casa, pero no lo tenía.
- Se examinó tres veces, pero no logró sacar el permiso de conducir.
- Dice que está recuperado, sin embargo, yo le noto cierta tristeza.
- Han prohibido el paso por esas callejas; sin embargo, algunos gamberros pasan con la moto por ellas.
- Las macetas eran grandes, los setos, mayores; las enredaderas ascendían por la pared, y la niña lo contemplaba todo, extasiada ante aquel entorno; su abuelo seguía la escena con delectación.

- No podemos seguir así; vamos derechos al fracaso.
- Tiene una enfermedad que, según parece, es incurable.
- Han llegado los siguientes envíos: azúcar, 50 Kg.; garbanzos, 65 Kg., aceite, 10 cajas.

94. (Pág. 145)

- Es atentísimo y muy risueño: no se le puede negar nada.
- Estoy pez: no aprobaré.
- Estoy mosca: se ríen de mí.
- Si no viene, sólo hay una solución: marcharnos.
- Los puntos cardinales son cuatro: norte, sur, este y oeste.
- Ya lo dijo el filósofo: "El hombre es un lobo para el hombre".
- Pedro vocea a un campesino sentado a la puerta de su casa:
  —¿Qué, Paco, hay cama para tres?

95. (Pág. 146)

- Mozart (1756-1791) a los seis años era un extraordinario pianista.
- María (ya conoces sus manías) se presentó con un zapato de cada color.
- Carmen (íntima amiga de Luis) fue novia de Pedro.
- Recuerda (capítulo VIII) que los mamíferos son...
- La ciudad de Mérida (fundada por los romanos) posee una gran cantidad de restos arqueológicos.
- Volveré pronto —dijo al marcharse—, no te inquietes.
- Miguel Delibes obtuvo en 1947 (con *La sombra del ciprés es alargada*) el premio *Nadal*.
- —¿De dónde vienes? —le preguntó el conserje.
- Le preguntó el conserje: —¿De dónde vienes?

96. (Pág. 148)

alguacil: al-guacil, algua-cil.
vosotros: vo-sotros, vos-otros, voso-tros.
ateneo: ate-neo.
inyección: in-yección, inyec-ción.
buey: buey.
inacabado: in-acabado, ina-cabado, inaca-bado, inacaba-do.
desembolso: des-embolso, de-sembolso, desem-bolso, desembol-so.

97. (Pág. 149)

—bilingüe, agua, guadaña.   —guerra, lingüístico, pingüino.
—ambiguo, antigüedad, averigüé. —desagüe, lengüeta, fragua.